lonely planet

MI PRIMERA GUÍA DE ITALIA

¡QUE EMPIECE LA AVENTURA!

por Alexa Ward

geoPlaneta
Av. Diagonal 662, 08034 Barcelona
www.geoplaneta.com www.lonelyplanet.es

Lonely Planet Global Limited
Lonely Planet Global Limited, Digital Depot,
The Digital Hub, Dublín D08 TCV4, Irlanda
www.lonelyplanet.com
Contacta con Lonely Planet en lonelyplanet.com/contact

Mi primera guía de Italia
1º edición en español - mayo del 2026
Traducción de *The Lonely Planet Kids Travel Guide of Italy*, 1º edición - mayo del 2026

La colección Lonely Planet Kids Travel Guides se ha producido en colaboración con el WonderLab Group, LLC.
Gracias a nuestra especialista en el país Abigail Blasi.

Editorial Planeta, S.A.
Av. Diagonal 662-664, 7º, 08034 Barcelona (España)
Con la autorización para la edición en español de Lonely Planet Global Ltd, A.B.N. 36 005 607 983, Lonely Planet Global Limited, Digital Depot, The Digital Hub, Dublín D08 TCV4, Irlanda

ISBN: 978-84-08-31263-5
Depósito legal: B. 16.499-2025
Impreso en Malasia - *Printed in Malaysia*

lonely planet

MI PRIMERA GUÍA DE
ITALIA

¡QUE EMPIECE LA AVENTURA!

por Alexa Ward

SUMARIO

- Cómo usar este libro 10
- ¡Bienvenidos a Italia! 12
- Para orientarte 14
- Cómo moverte por el país 18
- Lugares divertidos 30
- ¡Vaya vistas! 44
- ¡A comer! 58
- Todos los caminos llevan a Roma 70
- Un paseo por la Bota 84
- El lado más salvaje 96
- Italia verde 108
- Secretos del país 120
- Encuentra las diferencias 130
- Índice 134
- Webs 138
- Créditos fotográficos 139

FOTO: una góndola recorre un canal de Venecia.

CÓMO USAR ESTE LIBRO

¿Buscas los postres más deliciosos o te chifla la naturaleza urbana? Quizá quieras visitar algunos lugares para jugar o descubrir la historia y los misterios del país. O, tal vez, todo ello. Cada capítulo está dedicado a un tema. Puedes leer la guía de principio a fin o ir leyendo solo los capítulos que te interesen. No olvides examinar cada página en busca de lugares, personas, datos curiosos y mucho más. Aquí tienes algunos de los aspectos más destacados de esta guía.

¿Te gusta recopilar datos y estadísticas?

Fíjate en estos apartados.

Aquí tienes la traducción de unas cuantas palabras y expresiones que encontrarás en esta guía.

Ciao – Hola
Arrivederci – Adiós
Grazie – ¡Gracias!
È divertente!! – ¡Qué divertido!
Andiamo! – ¡Vamos!

¿Qué hace que este país sea tan inspirador?

Consulta "'Piazzas' famosas" en p. 48 o "¡Menudo arte!" en p. 52.

¿Tienes curiosidad por conocer los lugares más raros, extravagantes y desconocidos?

Lee "Secretos del país" en pp. 120-129.

¿Quieres entretenerte mientras esperas un tren, autobús, avión o taxi?

Diviértete con "Encuentra las diferencias" en pp. 130-133.

¡BIENVENIDOS A ITALIA!

La cultura italiana ha influido en el arte, la arquitectura y la deliciosa gastronomía de todo el planeta. Al principio cuesta creer que esta península con forma de bota haya tenido tanta repercusión... hasta que vives la magia en primera persona. ¡No es de extrañar que sea uno de los países más visitados del mundo!

Esta es una tierra de leyendas ancestrales, arte cautivador y alimentos frescos *molto buoni*, desde sabrosa pasta a ricos helados. ¡Empieza la aventura y deja que Italia cautive tus sentidos!

FOTO: Roma bajo la luz dorada del atardecer.

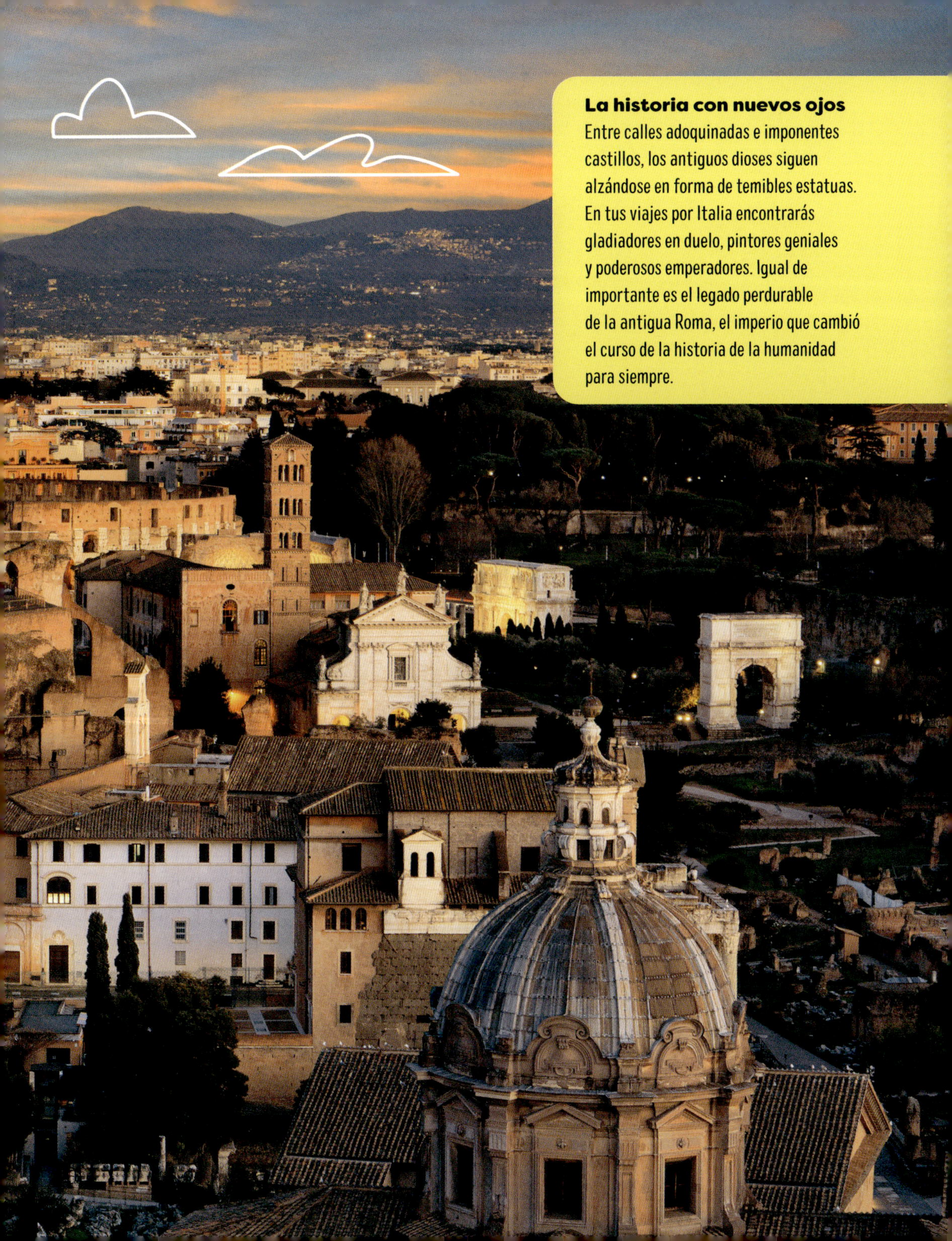

La historia con nuevos ojos

Entre calles adoquinadas e imponentes castillos, los antiguos dioses siguen alzándose en forma de temibles estatuas. En tus viajes por Italia encontrarás gladiadores en duelo, pintores geniales y poderosos emperadores. Igual de importante es el legado perdurable de la antigua Roma, el imperio que cambió el curso de la historia de la humanidad para siempre.

PARA ORIENTARTE

Viva Italia! A menudo llamada la Bota por la forma que traza su territorio, Italia forma parte de Europa. Consulta este mapa en el que se destacan algunos lugares populares que aparecen en esta guía.

Datos básicos

Apodo: **La Bota**

Capital: **Roma (la Ciudad Eterna)**

Continente: **Europa**

Población: **59 millones**

Idioma: **italiano**

Italia tiene más volcanes que cualquier otro país de Europa: 31. Además, fue donde se inventaron las gafas y el primer termómetro.

UN VISTAZO A LA CAPITAL: ROMA

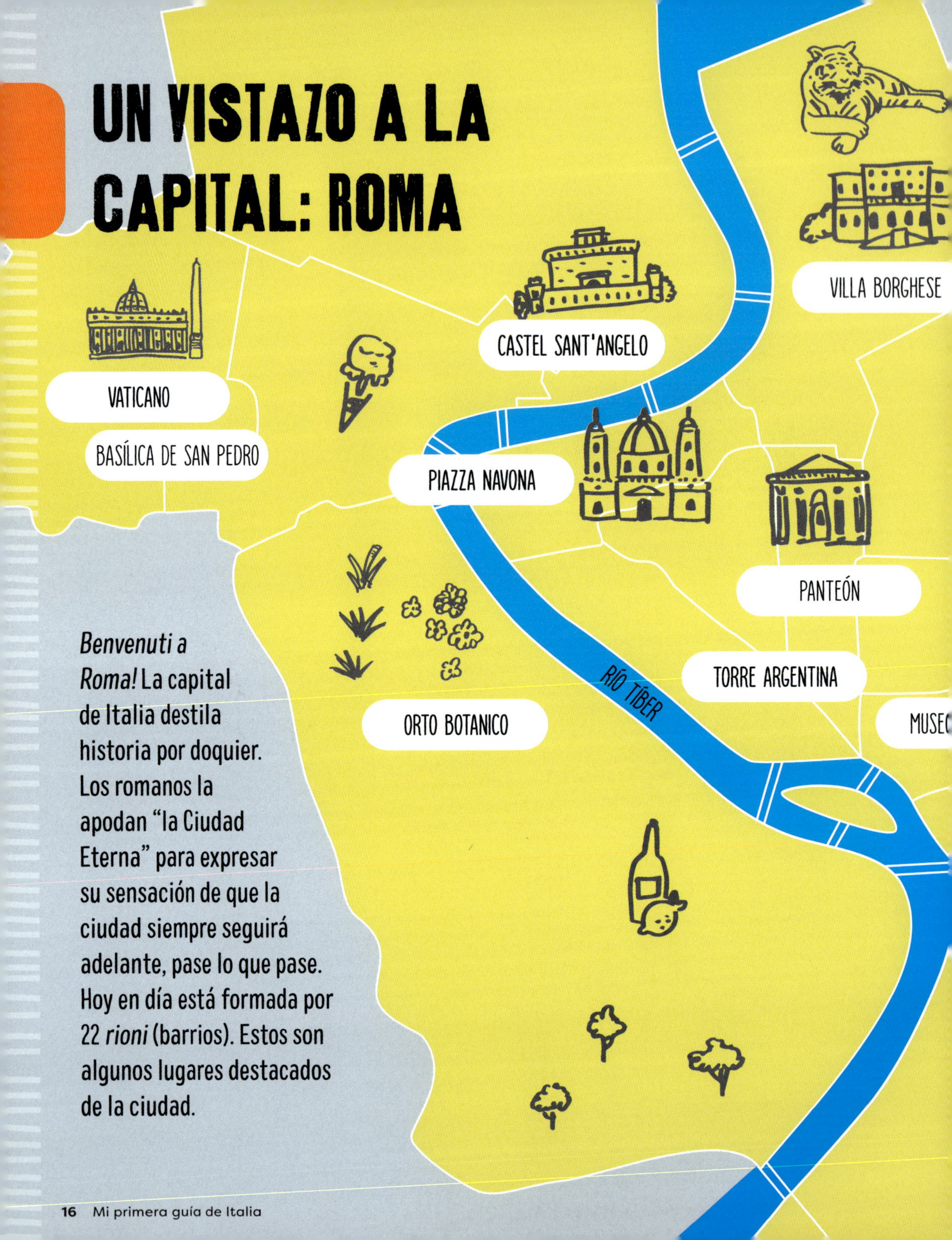

Benvenuti a Roma! La capital de Italia destila historia por doquier. Los romanos la apodan "la Ciudad Eterna" para expresar su sensación de que la ciudad siempre seguirá adelante, pase lo que pase. Hoy en día está formada por 22 *rioni* (barrios). Estos son algunos lugares destacados de la ciudad.

¡Roma es la única ciudad del mundo que contiene en su interior un país entero! Ciudad del Vaticano es el país más pequeño del mundo, en superficie y población.

CÓMO MOVERTE POR EL PAÍS

FOTO: senderistas cerca de la ciudad de Cefalú, en Sicilia.

EN TREN

Datos básicos

Sistemas de metro: **7 (¡y 1 acuático!)**

Estaciones: **282**

Coste: **1-2 euros (varía según la ciudad)**

¡CIRCULEN!

Cuando explores las ciudades más grandes de Italia, busca unas señales rojas con la letra *M*, abreviatura de *Metropolitana*. Se trata del principal sistema de trenes públicos del país, que recorre Roma, Nápoles, Catania, Turín, Palermo y otros núcleos urbanos importantes. Estos trenes subterráneos te llevarán de un lugar histórico a otro en cuestión de minutos. Se empezó a construir el primer metro en la década de 1930, pero no se terminó hasta 1955 debido a que Italia entró en la II Guerra Mundial. En tu aventura subterránea, no te pierdas algo que no verás en ningún otro metro: ¡ruinas romanas!

***FOTOS:** unos pasajeros esperan el metro en Roma (arriba); un tren cruza veloz el río Mincio (pág. siguiente, arriba); estación de metro en Nápoles (pág. siguiente, abajo).*

¡SUJÉTATE LA GORRA!

Con todo lo que hay que ver en Italia, ¡no hay tiempo que perder! Si necesitas ir rápido de una ciudad a otra, echa un vistazo a los trenes de alta velocidad (Alta Velocità), gestionados por Trenitalia. Hay tres tipos: Frecciarossa ("Flecha Roja"), Frecciargento ("Flecha Plateada") y Frecciabianca ("Flecha Blanca"). Con la Alta Velocità llegarás en un momento a Milán, Génova, Venecia, Nápoles y Verona. ¡Cómprate un *gelato* y disfruta de los paisajes italianos que pasan zumbando junto a la ventana!

Los Flecha Roja son los trenes más rápidos. ¡Los Frecciarossa 1000 pueden llegar a alcanzar 300 km/h!

MARAVILLAS BAJO TIERRA

Si buscas moverte de un sitio a otro con un poco de estilo, ¡estás de suerte! Tomar el metro en Italia puede ser algo más que simplemente ir de una pizzería a otra ruina romana. Sobre todo en Nápoles, donde varias "Estaciones de Arte" (Stazioni dell'Arte) aguardan a que las descubras bajo las calles de la ciudad. Todas ellas te dejarán con la boca abierta: las hay decoradas con juegos de luces que deslumbran los sentidos, con mosaicos alucinantes o con ilusiones ópticas de vivos colores. Incluso hay una estación que parece un barco hundido en el fondo del mar.

EN BARCO

FABULOSOS FERRIS

¡Todos a bordo! Los ferris ofrecen unas vistas increíbles de las playas y los escarpados acantilados que rodean la famosa "Bota" de Italia. Además, estos barcos, de diversas formas, tamaños y velocidades, llevan pasajeros a las islas y a otras aventuras en alta mar. Súbete a un ferri para visitar las islas italianas de Sicilia, Cerdeña o Capri, así como las islas Eolias, donde descubrirás muchos tesoros y lugares singulares entre las olas. Algunos incluso llevan a los pasajeros a países cercanos, como Eslovenia, Croacia y Grecia, para pasar el día. Cuando estés a bordo, diviértete leyendo algún mito romano sobre los antiguos dioses del mar. Mira, ¿no asomará por ahí Escila, el monstruo marino de seis cabezas?

Símbolo secreto

El *fero,* una pieza de hierro que se coloca en la parte delantera, o proa, de una góndola, ayuda a equilibrar el peso de la embarcación. Pero, además, encierra un simbolismo secreto que representa la ciudad de Venecia. Tiene seis puntas, una para cada barrio de Venecia. La parte curvada representa el famoso puente de Rialto. ¿Cuáles podrían ser los otros símbolos ocultos?

En La Marmotta, un pueblo cercano a Roma, se han descubierto unas canoas que se calcula que tienen 7000 años de antigüedad. Son las embarcaciones más antiguas halladas en el Mediterráneo hasta la fecha.

GON, GON, GÓNDOLA

El medio de transporte más emblemático de Italia tal vez sea la góndola, el famoso "taxi" acuático de Venecia. Cualquiera puede alquilar una de estas embarcaciones que circulan por los laberínticos canales de la ciudad. Los capitanes de las góndolas se conocen como gondoleros, y el "uniforme" que llevan es una camisa a rayas azules o rojas. Tiempo atrás estas naves estaban pintadas de colores, pero hoy en día —debido a la orden de un poderoso gobernante local de 1562—, todas las *gondole* deben ser negras. Cuando explores Venecia, tal vez oigas los gritos *Òe! Òe!* Es la forma que tienen los gondoleros de avisarse unos a otros cuando van a girar una esquina o a esquivar otras embarcaciones.

***FOTOS:** un ferri cerca de Cerdeña (arriba); un gondolero en Venecia (izda.).*

SOBRE DOS RUEDAS

CON VESPA, ¡BRUM, BRUM!

Cuando recorras pueblos y ciudades, tal vez oigas el característico zumbido del motor de una Vespa (su nombre proviene de la palabra "avispa" en italiano). Esta formidable motocicleta se inventó en Italia. Tras la II Guerra Mundial, las bombas habían destrozado muchas de las calles del país, por lo que era casi imposible circular en coche. Pero la gente necesitaba desplazarse igualmente, así que... ¡tachán! Un antiguo fabricante de aviones tuvo la brillante idea de inventar una moto. Hoy las Vespas pueden encontrarse no solo en Italia, sino por todo el mundo.

FOTOS: Vespas en Porto Cervo, Cerdeña (dcha.); ciclistas en Via Giuseppe Mazzini, en Ferrara, en la región de Emilia-Romaña (abajo).

La ciudad de Ferrara acoge una carrera de caballos anual, una celebración llamada *palio* cuyo origen se remonta a 1279. ¡Es la carrera de caballos más antigua del mundo!

BICIS Y MÁS BICIS

Para moverse por Italia muchos optan por *le biciclette*. Con 1235 km de nuevos carriles bici, hay muchos lugares especialmente aptos, como la ciudad medieval de **Ferrara.** También llamada "ciudad de las bicicletas", su centro histórico está cerrado al tráfico, por lo que es ideal para recorrer sobre dos ruedas. La ruta del Mincio recorre 43 km en torno al **lago de Garda,** es totalmente llana, lo que facilita el pedaleo, y ofrece muchos lugares para hacer una parada. Un recorrido literal por la historia es la **Via Francigena,** un sendero de 2000 km aproximadamente que se extiende desde la ciudad inglesa de Canterbury hasta la misma Roma; o la famosa **Via Appia,** una antigua calzada romana.

PASO A PASO

ENCICLOPEDIA ANDANTE

Desabróchate el cinturón de seguridad y ponte las zapatillas: la mejor forma de ver Italia es con tus propios pies. Pasear un día por las calles de una ciudad italiana es viajar en el tiempo a través de miles de años de historia, arte y cultura. Es una búsqueda del tesoro interminable: innumerables monumentos, enormes museos, antiguas *piazzas* (plazas) y fuentes decoradas con estatuas de dioses romanos esperan a que los descubras. ¿Tal vez encuentres una obra maestra en el rincón oculto de una catedral? ¿Qué mitología secreta descifrarás en la arquitectura renacentista?

La Autostrada Milano-Laghi fue la primera autopista de larga distancia que se construyó en el mundo, en 1924. ¡Con ella puedes llegar hasta Suiza!

UN PASEO POR LA HISTORIA

¡Atentos los aficionados a la historia! Uno de los legados más imperecederos del Imperio romano son sus calzadas. Y tal vez te preguntes qué tiene de especial una calzada. Resulta que estas primeras superautopistas hicieron posible un intercambio comercial y cultural a gran escala (¡a nivel mundial!), además de despiadadas conquistas. La calzada romana más famosa es la Via Appia (Vía Apia), una de las más antiguas del mundo. Se extiende hacia el sur desde la ciudad de Roma y data del año 312 a.C., así que tiene más de 2000 años de antigüedad. Cuando recorras estas calles históricas hoy en día, piensa que estás siguiendo las huellas de antiguos viajeros, como los primeros peregrinos, comerciantes y soldados... ¡e incluso famosos artistas!

***FOTOS:** Génova (arriba); la Vía Apia en Roma (izda.).*

UN TRANSPORTE ORIGINAL

El primer papamóvil "oficial" lo utilizó el papa Pío XI en 1930, ¡y era un Mercedes-Benz!

PECULIAR PAPAMÓVIL

Italia tiene muchos habitantes famosos, pero quizá ninguno lo sea tanto como el papa, el cabeza de la Iglesia católica. En el pasado, cuando el papa se acercaba a las multitudes, lo hacía portado en una silla llamada *sedia gestatoria*. Sin embargo, hace cerca de 50 años, empezó a utilizarse el papamóvil, un vehículo diseñado específicamente con un vidrio antibalas para garantizar la seguridad del papa. No hay un único papamóvil: a lo largo de los años ha habido diferentes versiones, desde coches a camiones y todoterrenos. Puedes ver algunos de ellos en **Castel Gandolfo,** el palacio de verano del papa. En el 2024, el difunto papa Francisco empezó a utilizar el primer papamóvil totalmente eléctrico.

***FOTOS:** el difunto papa Francisco montado en el papamóvil (arriba); un vaporetto cruza el Gran Canal de Venecia (pág. siguiente, arriba); Piaggio Apes en la ciudad de Matera (pág. siguiente, abajo).*

VIAJAR EN 'VAPORETTI'

Este singular "autobús acuático" es el principal modo de transporte en Venecia, una ciudad donde, en lugar de calles, se circula por sinuosos canales. Igual que un autobús, este barco puede transportar entre 50 y 80 pasajeros y se llena hasta la bandera en verano, cuando los turistas abarrotan Venecia. Hay casi 20 líneas diferentes de *vaporetto* dentro de los límites de la ciudad, que te llevarán a los monumentos más impresionantes. También puedes tomar el autobús acuático a las islas cercanas de Murano, Burano y Lido.

PRODIGIOS DE TRES RUEDAS

Tal vez hayas notado que muchos de los coches en Italia son bastante pequeños, lo cual es muy práctico para circular por las sinuosas (y muy estrechas) calles antiguas, pero ningún vehículo es tan mono (¡ni tan diminuto!) como el Piaggio Ape. Estos pequeños motocarros de tres ruedas los inventó la misma empresa que fabricó la Vespa. Están equipados con unas plataformas perfectas para transportar mercancías, como productos frescos. Puede que encuentres alguno aparcado en la calle para vender castañas asadas o incluso *panini*. *Ape* (pronunciado tal cual) significa "abeja" en italiano. Igual que la Vespa, este vehículo recibió su nombre por su zumbido característico.

LUGARES DIVERTIDOS

FOTO: visitantes en la grada del anfiteatro romano de Verona.

AL AIRE LIBRE

SUBE AL FERROCARRIL FUNICULAR

El **lago Como,** en el norte de Italia, es uno de los lugares más bonitos de la Bota. Este paraíso acuático está salpicado de antiguos castillos, senderos, restaurantes y mucha belleza natural. Es el lago más profundo de Italia, y cuenta la leyenda que en él habita su propio monstruo lacustre: ¡Lario! En las frías profundidades de sus aguas se oculta otro secreto: un cementerio de restos de naufragios, con barcos, hidroaviones de la II Guerra Mundial e incluso varios coches. Cuando te canses de chapotear por la orilla, sube al tren cremallera de vivos colores que asciende por las laderas del valle hasta el pueblo de **Brunate,** situado en lo alto.

Lario recibe su nombre del *Lariosaurus*, un enorme dinosaurio cuyo fósil fue descubierto cerca de allí, en Perledo, a orillas del lago Como.

El ferrocarril funicular alcanza una altura de 488 m y puede llevar 80 pasajeros.

COMO LOS GORILAS

Si las imponentes estatuas y las majestuosas montañas te han dado ganas de subir a las alturas, solo tienes que acudir a uno de los parques de aventuras del país. Los hay de todo tipo y tamaño, ¡y en todos te lo pasarás bomba! Ponte el casco y escala las estructuras, gatea y salta por pistas de obstáculos, cruza largos puentes de madera o pasa de un árbol a otro balanceándote con una cuerda. Es apto para todos, incluso si no te gustan los deportes extremos. ¡Aquí hay emociones para todos los gustos! **Parco Avventura il Gigante** tiene tirolinas de más de 100 m de largo, ¡casi tanto como un campo de fútbol!

FOTOS: ferrocarril funicular cerca del lago Como (arriba); un circuito de cuerdas en un parque de aventuras (izda.).

¡AL TEATRO!

¡OH, OH... ÓPERA!

Si te diriges hacia el sur, a la ciudad de Verona, encontrarás la **Arena di Verona,** de 2000 años de antigüedad. Este teatro al aire libre se utilizó en tiempos antiguos para juegos de gladiadores y podía albergar hasta 30 000 espectadores. Hoy es el lugar perfecto para ver emocionantes representaciones de ópera, con espectáculos diseñados especialmente para el público más joven. Si te acabas aficionando, acude durante el Festival de Ópera Arena di Verona, que lleva más de 100 años celebrándose en honor del compositor italiano Giuseppe Verdi.

Datos básicos

Primera representación: **1913**

Espectadores anuales: **¡500 000 personas aprox.!**

Tamaño: **tercer anfiteatro romano más grande del mundo**

El personaje de Polichinela tiene siglos de antigüedad. Según cuenta su historia, ¡salió de un huevo de pavo!

¡Oh, Romeo, Romeo!
Si el nombre de Verona te suena tal vez sea porque es donde transcurre *Romeo y Julieta*, la tragedia romántica de William Shakespeare. Tal vez tú también te enamores... ¡de la ciudad! El famoso dramaturgo ambientó muchas de sus obras más conocidas en Italia.

La Arena di Verona se autodenomina "el lugar más italiano del mundo".

TEATROS Y MARIONETAS

Los caballeros medievales cobran vida en la **Opera dei Pupi,** en Sicilia. Son marionetas con rostros pintados de forma realista, cuerpos tallados en madera y armaduras de papel maché, y protagonizan espectáculos con varios "episodios" y muchas escenas de feroces batallas. Para ver obras más fantásticas, hay que visitar el **Teatro Mongiovino** de Roma, con 80 años de antigüedad. Puerta con puerta hay otro teatro con 400 marionetas en exposición. Si te apetece echarte unas risas, el **Teatrino di Pulcinella al Gianicolo,** al aire libre, cuenta con un personaje principal muy gracioso, una marioneta llamada Polichinela.

***FOTOS:** Arena di Verona (arriba); marionetas de caballeros sicilianos en Palermo (izda.).*

MANOS A LA OBRA

Datos básicos

Temperatura media del horno (Murano): **1150°C**

Sopladores de vidrio mudados a Murano: **1291**

Sopladores de vidrio más antiguos de Murano: **la familia Seguso, desde 1397**

El tubo que se usa para soplar el vidrio se llama caña.

VIDRIO BLANDITO

Primero, imagina que inflas un globo de cumpleaños. Y después, imagina que haces lo mismo pero con una bola roja incandescente de arena derretida a una temperatura de 1093° C. No te preocupes, ¡puedes usar un tubito! No se sabe con exactitud cuándo se inventó el arte del soplado de vidrio, pero muchos dicen que se perfeccionó en la isla veneciana de Murano. Apúntate a una clase y podrás ver en primera persona los hornos, las varillas de hierro al rojo vivo y los pesados martillos que se usan para darle forma. Los sopladores de vidrio artísticos crean todo tipo de objetos cotidianos, desde cuentas y jarrones a comederos de pájaros, cuencos y más.

***FOTOS:** elaboración de un objeto de vidrio en Murano (arriba); papel marmolado (pág. siguiente, arriba); suelo de baldosas de mosaico en Milán (pág. siguiente, abajo).*

PAPEL MARMOLADO

¿Alguna vez has teñido camisetas formando aguas? La tradición italiana del papel marmolado es parecida: permite convertir un papel común y corriente en un caleidoscopio con tintes de colores cambiantes. Solo necesitas unas gotas de tinte, pinceles y agua. Verás este maravilloso papel jaspeado en todo el país, pero sobre todo en Florencia. También puedes apuntarte a un taller: seguro que creas unos diseños estupendos.

MOSAICOS MOLONES

En tus aventuras por Italia seguro que te encuentras algún mosaico (*tesserae*)... o cientos, más bien. Los mosaicos representan imágenes, escenas o retratos con pequeños azulejos de vidrio, piedras o incluso conchas. ¡Es como montar un puzle que te hayas inventado tú! Los artistas llevan miles de años creando estos tesoros con azulejos; los mosaicos pueden ser modernos o antiguos, pero cada uno cuenta una historia. Y no están solo limitados a los maestros. En la **Escuela de Mosaicos de Friuli** —donde estudian mosaiquistas de más de 20 países—, los niños también pueden asistir a una clase.

DIVERSIÓN A LO GRANDE

AVENTURAS SALVAJES

Salta, repta y acecha en el **zoosafari** (ZooSafari Fasanolandia) de Apulia. Este parque de fauna salvaje es el segundo más grande de su tipo en Europa. Hay más de 200 especies de animales, como jirafas, rinocerontes, leones y más. ¿Y por qué lo llaman safari? Porque lo recorres en coche, pero mejor sube las ventanillas, no vaya a ser que un mono curioso te robe el almuerzo. También hay zonas por las que se puede caminar, como el Área Madagascar, además de un reptilario. Después de visitar a los animales, súbete a los coches de choque o a la montaña rusa "Sputnik" del parque de atracciones que hay justo al lado.

***FOTOS:** jirafas en el zoosafari de Apulia (arriba); montaña rusa en Gardaland (pág. siguiente, arriba); tigres de Sumatra en el Bioparco de Roma (pág. siguiente, abajo).*

ÚNETE A LA EMOCIÓN

Prepárate para disfrutar en **Gardaland,** uno de los mejores parques de atracciones de toda Europa. Situado cerca del precioso lago de Garda, Gardaland ofrece diversión sin fin en sus 200 000 m^2. Saluda a más de 5000 criaturas marinas en el **SEA LIFE Aquarium** y cruza el túnel oceánico mientras rayas y tiburones te pasan por encima. O sumérgete en una aventura pirata en Animal Treasure Island. Además, hay un parque acuático **LEGOLAND** con *millones* de piezas de LEGO. ¡No te faltarán cosas que hacer!

ANIMALES A RAUDALES

En este zoo romano, el **Bioparco di Roma,** te lo pasarás en grande. Su ubicación es práctica, dentro de la **Villa Borghese,** y alberga más de 400 especies de animales. Este *bioparco* hizo historia cuando se construyó hace más de 100 años: fue el primer zoológico que utilizó espacios abiertos y respetuosos con los animales y fosos en lugar de pequeñas jaulas. En el parque **Zoomarine** de Roma, puedes visitar el delfinario para ver chapotear a los delfines o el Bosque de Loros, donde harás amigos alados. Aprende a cuidar perfectamente a tu mascota en el Área de los Amigos de las Patas, un espectáculo interactivo con perros. Hay 32 atracciones, incluidos un cine, tiovivos, enormes toboganes acuáticos y una piscina.

CON DEPORTIVIDAD

Datos básicos

Longitud del circuito de Monza: **5793 m**

Peso mínimo de un coche de F1: **768 kg**

Tiempo que se pierde en boxes: **23,71 segundos**

Debido a las altas velocidades, los conductores de Fórmula 1 experimentan una gran fuerza G, que hace que sientas el cuerpo hasta cinco veces más pesado de lo que pesa en realidad.

A TODA VELOCIDAD

Chirrido de ruedas. Vítores de la multitud. Y el viento que revuelve el pelo cuando un coche pasa por delante a 320 km/h. ¡Bienvenidos a las carreras de Fórmula 1! Italia lleva más de 100 años perfeccionando los coches deportivos. El **Autodromo Nazionale Monza,** en Milán —conocido como el Templo de la Velocidad—, es el circuito más rápido del mundo. Allí se celebra el Gran Premio de Italia, además de divertidas actividades como el *karting*. También hay un parque enorme, ¡casi tres veces más grande que el Palacio de Versalles, en Francia! Y, si paseas por la azotea de la galería de arte **La Pinacoteca Agnelli,** en Turín, recuerda que en su día fue un famoso circuito de carreras.

***FOTOS:** el público vitorea en el Gran Premio de Italia (arriba); la A. S. Roma y la Juventus de Turín se miden en el Stadio Olimpico (pág. siguiente, arriba); un saltador en Polignano a Mare (pág. siguiente, abajo).*

¡GOOOOOL!

Ir a ver un partido de la Serie A es una forma espectacular de disfrutar de este increíble deporte en Italia: ¡estos partidos de liga son los más competitivos del país! Hay 20 equipos oficiales y unos 400 jugadores, y algunos se consideran de los mejores del mundo. Ve a verlos al **Stadio Olimpico** de Roma, con capacidad para 70 000 espectadores. ¡En el **estadio San Siro** de Milán caben 85 700 entusiastas aficionados!

La selección masculina de Italia ha ganado la Copa Mundial de la FIFA cuatro veces: en 1934, 1938, 1982 y 2006.

¡ALLÁ VOY!

Cada año, en la localidad de **Polignano a Mare,** en Apulia, se celebra una competición que desafía a la muerte: los saltos desde acantilados. Los saltadores profesionales se lanzan desde peñascos de hasta 27,4 m de altura, cayendo al mar Adriático a velocidades de 80 km/h. ¡Casi tan rápido como iría un coche por la autovía! Y no se trata solo de saltar: los participantes deben controlar la postura y las piruetas a la perfección durante la caída. Ver este deporte es espectacular... ¡pero hay que dejárselo a los profesionales!

MUSEOS INTERACTIVOS

MUSE... ¡OH!

Si tienes el antojo de aprender sobre la delicia favorita de Italia, el **Gelato Museum** de Bolonia es el lugar perfecto. En este museo interactivo podrás disfrutar de degustaciones, demostraciones de cocina y un recorrido sobre la elaboración del *gelato.* Tienen 20 tipos de máquinas diferentes. El museo forma parte de la **Gelato University,** una escuela que ofrece clases avanzadas sobre este dulce. ¡Así sí que es un gustazo estudiar!

El Ferrari FXX Evoluzione puede alcanzar los 400 km/h. ¡Eso es cinco veces el límite de velocidad medio de una carretera normal y la mitad de la velocidad media de un avión de pasajeros!

PISA A FONDO

En Módena podrás visitar los **Museos Lamborghini y Ferrari,** donde se exhiben coches de carreras famosos. En las galerías podrás ver de cerca los diferentes modelos. Si mides al menos 1,5 metros y quieres saber qué se siente al ponerse al volante de estos vehículos que disparan la adrenalina, prueba el simulador de conducción de un Fórmula 1. ¿Aún no se te ha acelerado el pulso? También puedes visitar las fábricas que hay cerca para echar un vistazo a las entrañas de los motores.

***FOTOS:** el Gelato Museum de Bolonia (arriba); el Museo Ferrari de Módena (izda.); juegos en Explora, Roma (pág. siguiente, arriba); el Museo Egipcio de Turín (pág. siguiente, abajo).*

EXPLORA

Cada año, 150 000 personas aprox. visitan el museo infantil **Explora** para trepar, crear y divertirse. ¿Te unes a ellos? Ubicado en una cochera del s. XIX de Roma, Explora ofrece montones de actividades interactivas con las que podrás competir con coches a escala, aprender sobre el cuerpo humano con interesantes modelos o transformar desechos en nuevos objetos con una impresora 3D. Las exposiciones interactivas permiten desconectar un poco de los museos y galerías de arte de la Ciudad Eterna (donde, desde luego, no se puede tocar nada).

Datos básicos

Piezas interactivas del museo: **40 000**

Objetos en exposición: **3300**

Superficie: **12 000 m²**

MOMIAMANÍA

Fundado en 1824, el **Museo Egizio** de Turín es el museo dedicado al antiguo Egipto más veterano del mundo. Nada menos que 30 000 de los artículos del museo fueron excavados hace 100 años. Una de las estructuras —el templo rupestre de Ellesiya— se cortó en 66 bloques y se transportó desde Egipto; fue una donación del Gobierno egipcio después de que Italia ayudara a rescatar unos templos nubios de unas inundaciones. También hay 17 000 fragmentos de papiros, una Galería de los Reyes llena de esfinges de piedra, reliquias romanas y objetos prehistóricos.

¡VAYA VISTAS!

FOTO: la plaza de los Milagros, donde se alza la Torre Inclinada de Pisa.

ESPECTACULAR POMPEYA

LA CIUDAD SEPULTADA

Tal vez sepas que Pompeya quedó sepultada por la erupción del monte Vesubio en el año 79 d.C. Pero ¿sabes que en realidad hubo una serie de erupciones que duraron dos días? ¿O que la primera nube de humo alcanzó una altura de 43 km, y que la segunda fue aún mayor? Visitar Pompeya supone ver en primera fila el resultado de uno de los desastres naturales más trágicos de la historia de la humanidad. Los arqueólogos siguen haciendo nuevos descubrimientos.

RUINAS Y MÁS RUINAS

Te podrías pasar días explorando los casi 440 000 m^2 de ruinas de Pompeya y aun así no habrías visto todas las maravillas arqueológicas que se encuentran expuestas. Detente en el termopolio, un antiguo "bar" en el que se servían comidas y bebidas calientes y frías. Visita el complejo de baños que acaba de ser excavado y que contaba con salas de agua caliente (*caldarium*), templada (*tepidarium*) y fría (*frigidarium*). Los arqueólogos creen que estos baños tenían capacidad para 30 personas aproximadamente.

GENTE DE YESO

En Pompeya se han encontrado más de 1000 restos humanos. Debido a las singulares características químicas y térmicas (calor) de la explosión, muchas personas quedaron congeladas en el tiempo en el momento en que el Vesubio las sepultó. Puedes ver con tus propios ojos los moldes de yeso de estos restos en el Antiquarium. Hay otros elementos, como retazos de ropa y un juego de dados hechos de hueso, que permiten hacerse una idea de la vida cotidiana de los pompeyanos.

Datos básicos

Visitantes anuales: **4 millones**

Destrucción: **79 d.C.**

Primeras excavaciones arqueológicas: **mediados del s. XVIII**

EL MUSEO DE LOS NIÑOS

El parque arqueológico de Pompeya tiene un museo solo para niños. En Casa Rosellino encontrarás el ArcheoFabLab, con 25 exposiciones interactivas, como un antiguo taller de perfumería y una escuela de arqueología. También hay un pequeño teatro para talleres educativos ¡y una librería!

Los científicos han aprendido mucho de los restos humanos de Pompeya, como que muchos de ellos tenían problemas dentales por comer dulces y por masticar piedras que quedaban en el pan debido a las antiguas técnicas de molienda.

***FOTOS:** estatua de bronce de Apolo en la ciudad de Pompeya (pág. anterior, arriba); baños termales en Pompeya (pág. anterior, abajo); un molde de yeso de un pompeyano (arriba); parque arqueológico de Pompeya (dcha.).*

'PIAZZAS' FAMOSAS

La *piazza* suele considerarse el corazón de la sociedad italiana. Estas plazas han sido lugares de reunión durante miles de años. Algunos ejemplos famosos son la **Piazza Grande** de Trieste, la **Piazza del Campo** de Siena y la **Piazza dei Miracoli** de Pisa, ¡donde puedes hacerte una foto con la Torre Inclinada! Sin olvidar la **Piazza Navona** de Roma, construida sobre un antiguo estadio deportivo con capacidad para 20 000 aficionados. Las *piazzas* también fueron en su día el centro de la primera actividad política: los ciudadanos se reunían allí para votar, debatir sobre la actualidad y protestar por injusticias. ¡Probablemente veas que esa tradición sigue viva en las *piazzas* de hoy en día!

En la plaza Prato della Valle, en Padua, se alzan 78 estatuas. Y en la plaza de San Pedro del Vaticano hay 248 columnas y 140 estatuas de santos.

***FOTO:* piazza de la ciudad de Riva del Garda.**

Misteriosos monumentos

Los primeros emperadores romanos estaban obsesionados con la cultura egipcia. Después de conquistar Egipto en el año 30 a.C., el ejército romano se llevó objetos egipcios a Roma, y por ese motivo la ciudad cuenta con más obeliscos egipcios que el propio Egipto moderno. Estos monumentos pueden verse en muchas de las *piazzas*, como en la Piazza della Minerva y la Piazza Navona.

DE COMPRAS

MERCADOS DE AGRICULTORES

Vayas donde vayas de Italia, seguro que encuentras muchos *mercati rionali* (mercados locales). Estos bulliciosos grupos de agricultores, artesanos y anticuarios locales deparan muchas sorpresas, desde sabrosos alimentos a aromáticas flores. Además, curiosear por un mercado al aire libre te conectará con la historia. En lugares como Palermo, los gritos de los pescaderos se mezclan en el aire con deliciosos aromas, como ha ocurrido durante siglos. Visita las ruinas del **mercado de Trajano,** en Roma, donde hace más de 2000 años se vendían frutas, verduras, aceites y especias procedentes de todo el Imperio romano.

Hablando de antigüedades: en la Pinacoteca Ambrosiana, en el barrio Cinque Vie de Milán, se encuentra el *Codex Atlanticus* de Leonardo da Vinci, la mayor colección de dibujos y escritos del artista. Tiene 1119 páginas.

DESFILA POR LA PASARELA

¡Haz una pose! A la ajetreada y moderna ciudad de Milán la llaman a menudo "la Capital Mundial de la Moda", y el motivo es que Milán lleva siglos produciendo ropa y joyas de alta calidad. Hoy en día, unas 20 000 personas de diferentes países visitan Milán durante la Semana de la Moda... ¡y los turistas acuden todo el año solo para comprar ropa! Los mejores escaparates están en el **Quadrilatero della Moda,** que se traduce como «el rectángulo de la moda», donde encontrarás prendas de factura italiana y tiendas internacionales. También hallarás tesoros verdaderamente únicos en las tiendas *vintage* de **Cinque Vie** (el barrio más antiguo).

***FOTOS:** el Mercato Centrale de Florencia (arriba); tiendas en la Galleria Vittorio Emanuele II de Milán (izda.).*

¡MENUDO ARTE!

VENUS, LA PERLA

Es difícil no enamorarse de este cuadro de, bueno, ¡la diosa del amor! *El nacimiento de Venus* se exhibe en la **Galería Uffizi,** un museo de arte de Florencia. Según la mitología griega, Venus nació en el mar. Sandro Botticelli terminó esta obra maestra, de 2,8 m de ancho y 1,7 m de alto, en 1485. Originalmente fue encargada por la influyente familia Médici como regalo de bodas.

Cada año, unos 400 000 visitantes viajan hasta Santa Maria delle Grazie, en Milán, para contemplar *La última cena*.

UNA CENA INOLVIDABLE

¿Has oído alguna vez la expresión "hombre del Renacimiento"? Es una forma de decir que una persona tiene muchos talentos diferentes... como el hombre que la inspiró, ¡Leonardo da Vinci! Da Vinci fue un gran pintor, además de arquitecto, escultor, inventor, ingeniero, matemático y escritor. Muchas personas creen que *La última cena*, el mural que pintó en la pared de un convento de Milán, es una de las obras de arte más importantes del mundo. La impresionante pintura muestra la última cena de Jesucristo antes de su muerte. Mide 8,8 m de ancho y 4,6 m de alto... ¡como si apiláramos dos orcas una encima de la otra!

UN FAMOSO COLOSAL

Si estás en Florencia, acércate a la **Galleria dell'Accademia** para contemplar la gigantesca estatua de *David*. Miguel Ángel talló y esculpió durante tres años, transformando un frío bloque de mármol en David, el héroe bíblico. Cuando mires hacia arriba, observes sus músculos realistas y la pose humana, te parecerá que está a punto de bajarse del pedestal para derribar al gigante Goliat con su honda. No es de extrañar que este coloso sea una de las estatuas más famosas del mundo.

Datos básicos

Altura: **5,2 m**

Peso: **5,7 t, ¡tanto como un elefante africano!**

Réplicas (copias) en todo el mundo: **300**

LA CAPILLA DEL VATICANO

El techo pintado de la **Capilla Sixtina** narra la historia del Génesis, el primer libro de la Biblia hebrea y del Antiguo Testamento de la Biblia cristiana. El maestro renacentista Miguel Ángel completó estos paneles hace más de cinco siglos, tras cuatro años de duro trabajo. En el altísimo techo está representada una de las escenas más conocidas de la historia del arte: *La creación de Adán*, que representa la mano de Dios dando vida al primer ser humano. ¡Mira hacia arriba, te maravillarás!

FOTOS: **El nacimiento de Venus**, *de Sandro Botticelli, en la Galería Uffizi de Florencia (pág. anterior, arriba);* **La última cena**, *de Leonardo da Vinci (pág. anterior, abajo); la escultura* **David** *en Florencia (arriba); la Capilla Sixtina de Miguel Ángel en la Ciudad del Vaticano (dcha.).*

EN LAS ALTURAS

VISTAS DESDE EL VITTORIANO

Il Vittoriano, un monumento de Roma, recibe el apodo de "la máquina de escribir" por su peculiar forma. Pero lo mejor es que arriba del todo hay una terraza con unas vistas increíbles. Desde allí, a 70 m de altura, verás toda Roma a tus pies. En esa azotea hay otro tesoro escondido: ¡dos carros con caballos de carreras! Estas estatuas de cuadrigas miden nada menos que 11 m de alto.

Los ingenieros han estabilizado con contrapesos y cables la Torre de Pisa, que a veces ha alcanzado niveles de inclinación peligrosos.

¡AGUANTA!

La **Torre de Pisa** (más conocida como la Torre *Inclinada* de Pisa), de casi 1000 años de antigüedad, es uno de los edificios más emblemáticos del mundo. El terreno inestable hizo que se hundiera en la tierra, lo que le dio al edificio su famosa inclinación. La torre se conoce más propiamente como campanario, que significa torre de campanas. La Torre de Pisa tiene siete campanas, una para cada nota musical, ¡y la más grande pesa 3,6 toneladas! Hay que tener más de ocho años para subir a la cima; si puedes, las vistas merecen la pena.

¡Y MÁS TORRES!

La de Pisa no es la única torre inclinada de Italia. Echa un vistazo a la **Torre Garisenda** de Bolonia, conocida por su pronunciada inclinación; el escritor italiano Dante Alighieri incluso la menciona en su famoso libro *Infierno.* Justo al lado está la **Torre Asinelli,** el monumento más icónico de la ciudad. Mide más de 97 m de alto y hay 498 escalones hasta la cima (aunque en los últimos años ha estado cerrada al público por mantenimiento). Para vistas de 360° de la ciudad, la **Torre del Reloj** (Torre dell'Orologio), en Venecia, es otro ascenso interesante que te llevará por patios y escaleras hasta las entrañas mecánicas del reloj.

EN LO ALTO DE TURÍN

¿Has oído hablar de la **Mole Antonelliana**? Esta enorme torre de Turín se alza imponente sobre la ciudad. La reconocerás por su larga aguja. Sube las escaleras o toma un ascensor panorámico hasta la terraza (a 85 m de altura), con preciosas vistas de la ciudad a los pies. Solo hay unas vistas más inspiradoras que la torre: ¡los imponentes Alpes que se alzan a lo lejos! En su interior hay incluso un museo del cine con 2,3 millones de objetos relacionados con el mundo del cine y una colección de videojuegos.

FOTOS: el monumento Vittoriano, en Roma (pág. anterior, arriba); la Torre Inclinada de Pisa (pág. anterior, abajo); las torres inclinadas de Garisenda y Asinelli, en Bolonia (arriba); Mole Antonelliana, en Turín (dcha.).

Datos básicos

Altura de la Mole Antonelliana:
167,5 m

Altura de la terraza:
85 m

Tiempo de construcción:
26 años

CIMAS EXPLOSIVAS

EL ETNA Y SUS ERUPCIONES

En la costa oriental de Sicilia bulle el **monte Etna,** el estratovolcán más activo del mundo y la montaña insular más alta del Mediterráneo. Los científicos creen que el Etna lleva 500 000 años arrojando lava. Gracias a los registros del antiguo Imperio romano, miles de años de esta actividad volcánica han quedado plasmados en documentos oficiales. Y su historia sigue *fluyendo*. El Etna es un laboratorio viviente para la vulcanología (el estudio de los volcanes), con sus cráteres humeantes, flujos de lava activos y conos de escoria. Antes de ir, comprueba si el **Parco dell'Etna** está abierto. Una vez en el parque, hay que tomar un teleférico hasta un cráter activo.

Parte del teleférico se quemó y quedó derretido por la lava en la década de 1970.

MAGNÍFICA MONTAÑA

Cuando hayas visitado los lugares históricos de Pompeya, Herculano y Oplontis, toca adentrarse en una tierra aún más antigua y extraordinaria: el **Parque Nacional del Vesubio.** Allí encontrarás fauna fascinante e impactantes formaciones naturales, con un montón de rutas de senderismo para explorarlo todo. Imagina rincones alfombrados de setas, culebras ocultas y orquídeas en flor... Ya solo de plantas hay más de 900 especies, y unas 15 son tan poco comunes que solo se encuentran en la montaña. El Vesubio es una parada importante para muchas aves cansadas durante su migración anual. Se trata de un lugar mágico donde se dan cita la montaña, el mar y un volcán, dando lugar a unas vistas alucinantes.

***FOTOS:** la erupción volcánica del monte Etna en el 2014 (arriba); el volcán del monte Vesubio (izda.).*

¡A COMER!

FOTO: un delicioso gelato en la Fontana di Trevi de Roma.

PASTA Y BASTA

A PELLIZCOS

Para elaborar la pasta rellena conocida como *agnolotti,* se estira una masa de huevo y trigo, se rellena con un guiso de carne o verduras y se sella dándole un pellizco. Los *agnolotti* son una creación regional del Piamonte, cerca de la frontera de Italia con Francia y Suiza, y lleva siglos sirviéndose en las mesas. Los caseros son sabrosísimos y cada uno es ligeramente diferente, como los copos de nieve.

En 2023, Italia produjo aprox. 4 millones de toneladas de pasta, suficiente para que cada persona de la Tierra recibiera medio kilo.

PAJITAS DE PASTA

Los *bucatini* son como espaguetis gruesos, ¡pero con un agujero en el centro! Antes de que los alimentos se elaboraran con máquinas, los cocineros enrollaban la masa alrededor de una varilla de hierro llamada *ferretto* para obtener una especie de pajita. La forma hueca absorbe el líquido, por lo que la pasta queda más sabrosa. Los *bucatini* ("agujeritos" en italiano) se utilizan en muchos platos tradicionales, como el *bucatini al coniglio* de la región del Lacio. El *coniglio* (conejo) es habitual en la cocina del centro de Italia, donde ha habido cazadores desde hace miles de años.

FOTOS: **agnolotti *(arriba)*; bucatini *(izda.)*; orecchiette *(pág. siguiente, arriba)*; spaghetti alla chitarra *(pág. siguiente, abajo)*.**

¡SUENA RICO!

Si nunca has oído hablar de las *orecchiette,* ¡escucha! En italiano, este nombre significa "orejitas", y la pasta es originaria de Apulia, donde aún se sirven *alla pugliese*, es decir, con grelos y cerdo. ¡Este magnífico plato te hará querer comer verduras! Aunque estas orejitas del tamaño de una moneda parecen sencillas, la pasta es bastante difícil de hacer a mano. Un truco de los entendidos: los fabricantes de pasta utilizan el pulgar para obtener esa forma curva.

En Apulia (especialmente en Bari Vecchia), puede verse a gente elaborando *orecchiette* en el porche de su casa. La pasta se deja secar en soportes de madera.

¿SON ESPAGUETIS O NO?

¿Estás disfrutando tu *cacio e pepe*? Esa montaña de pasta cubierta de queso pecorino y pimienta desde luego parecen espaguetis. Pero los detectives de la pasta más avispados descubrirán la verdad. La pasta de este famoso plato es en realidad *tonnarelli*, un fideo más grueso y poroso que absorbe más salsa. Tradicionalmente, esta pasta se elabora con una herramienta llamada *chitarra*. La *chitarra,* que significa "guitarra" en italiano, está hecha de madera y tiene unas cuerdas de alambre muy tensas que cortan la masa en tiras. En Abruzos, pide *chitarra alla teramana* y te servirán la pasta con una pila de *polpettine* (albondiguitas).

ESO ES QUESO

Datos básicos

Ruedas de parmesano elaboradas al año: **más de 4 millones**

Leche en una rueda: **550 litros**

Peso medio: **40 kg**

AL RICO PARMESANO

Italia se conoce en todo el mundo por sus quesos, pero el Parmigiano Reggiano es protagonista. Lo inventaron en la Edad Media unos monjes que querían obtener un alimento que se conservara mucho tiempo. Utilizaron sal de la localidad de Salsomaggiore Terme y leche de las vacas del monasterio, y conservaron su producto perfecto en grandes ruedas. Hoy en día, para que reciba el nombre de Parmigiano Reggiano, el queso debe estar elaborado con ingredientes naturales y mediante un proceso específico que tiene siglos de antigüedad. Si no proviene de Parma, Módena, Mantua o Bolonia, *no* es un auténtico Parmigiano Reggiano. ¡No te dejes engañar!

***FOTOS:** un trabajador con una rueda de queso Parmigiano Reggiano (arriba); queso Pecorino Romano (pág. siguiente, arriba); mozzarella recién hecha (pág. siguiente, abajo).*

HAMBRE DE HISTORIA

El Pecorino Romano es uno de los quesos más antiguos del mundo. Los rebaños de ovejas de la región de Lacio y la isla de Cerdeña llevan más de 2000 años produciendo leche para el pecorino. De hecho, esta delicia de sabor intenso con un toque salado fue una parte esencial de la dieta de los soldados romanos. Hoy en día, el auténtico pecorino sigue elaborándose con leche de vaca, según la receta original y, al ser duro, es ideal para rallar sobre platos de pasta básicos como *cacio e pepe* y *bucatini all'amatriciana*. ¡Y a comer!

Italia produce casi 56 000 toneladas de *mozzarella di bufala* al año. ¡Con esa cantidad podría llenarse el *Titanic*!

BOLITAS DE SABOR

¿Qué tienen en común la *pizza*, la lasaña y la ensalada caprese? ¡La mozzarella! El proceso para elaborar esta delicia blanca, suave y aromática es muy manual: los fabricantes de queso estiran y amasan el queso blando con los dedos hasta obtener una deliciosa bola, en un proceso que no ha cambiado en siglos. Así es como obtuvo su nombre: *mozzare* significa "cortar". Los dos tipos de mozzarella "oficiales" son *di bufala campana* (elaborado con leche de búfala) y *fior di latte* (elaborado con leche de vaca).

PLATOS 'DIFERENTES'

PARA PICAR

Deambular por los callejones de Venecia despierta el apetito. Menos mal que puedes comer *cicchetti*. Los *cicchetti* son una tradición veneciana consistente en servir porciones pequeñas de muchos alimentos diferentes, servidas en platitos o sobre pan. Un bufé de delicias locales puede incluir *fritto misto* (pescado y marisco frito), *sarde in saor* (sardinas con pasas y piñones) o *polpette* (albóndigas italianas).

Técnicos de una gran empresa visitaron a las mujeres de Cerdeña que elaboraban *su filindeu* para intentar replicar su misteriosa técnica con una máquina. ¡Y no lo consiguieron!

SECRETO BAJO LLAVE

Su filindeu suena como si fuera un tesoro que hay que mantener bien oculto... y lo es. La más excepcional de las pastas es tan difícil de elaborar que solo tres personas en el mundo saben cómo hacerla. Una familia de Cerdeña ha transmitido el método y la receta de generación en generación desde hace 300 años. Con la masa se forman 256 hebras, que luego se estiran sobre alambres y se disponen en capas. Pero, además, este plato solo se sirve a quienes completan una peregrinación de 32 km hasta el pueblo de Lula durante una fiesta local que se celebra dos veces al año.

FOTOS: **cicchetti *en Venecia (arriba)*; su filindeu *en Cerdeña (izda.)*; pani câ mèusa *en Sicilia (pág. siguiente, arriba)*; queso casu marzu *en Cerdeña (pág. siguiente, abajo).***

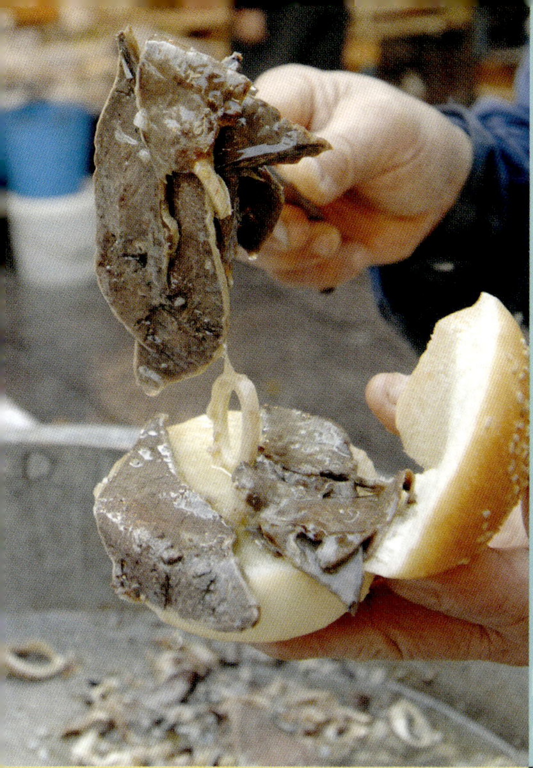

BOCATA DE PULMÓN

El *pani câ mèusa* de Sicilia es una popular comida callejera. Se trata de un sencillo bocadillo relleno de pulmón y bazo de ternera. A veces se acompaña de queso *caciocavallo* (en una especie de hamburguesa de queso y bazo) y su sabor es intenso y reconfortante. Lo cierto es que las vísceras (los órganos del animal) son una parte importante de la cultura italiana. Hace siglos, los nobles y los líderes religiosos eran los primeros en escoger qué parte del animal sacrificado se quedaban, así que los campesinos crearon una rica gastronomía a partir de los sobrantes. Si quieres probar más vísceras ricas, puedes probarlas en el **mercado Testaccio,** en Roma.

La mosca del queso puede poner hasta 500 huevos, por lo que, cuando está listo, ¡el queso puede contener miles de gusanos!

QUITA, BICHO

En Italia es difícil que un queso destaque. Hay infinitas variedades deliciosas, blandas o duras, dulces o saladas... Pero una de ellas sin duda llama la atención: ¡casu marzu! Este queso ancestral se elabora con gusanos (larvas de mosca). Al principio el casu marzu es un pecorino duro, pero cuando los huevos eclosionan y empiezan a comerse el queso, este se vuelve suave y cremoso. Y por si te lo estás preguntando, sí, a veces te comes algún gusano junto con el queso. Se trata de un producto protegido oficial de Cerdeña, pero es ilegal en la Unión Europea y en EE. UU. Si se prepara correctamente, es seguro consumirlo.

DULCES TENTACIONES

GUÍATE POR TUS... PAPILAS

¿Qué mejor manera de viajar por Italia que saltar de una heladería a otra? Entre los sabores más populares se encuentran la *stracciatella* (helado de leche con trocitos de chocolate), el pistacho, el chocolate negro y el *riso alla cannella* (arroz con canela). Los *sorbetti* suelen elaborarse solo con fruta y azúcar. ¡Ah! El *gelato* no es lo mismo que el helado. El *gelato,* que significa "congelado" en italiano, se elabora con menos materia grasa y se bate despacio, lo que le da una textura más cremosa.

Olivieri, una empresa fundada en la localidad de Arzignano, lleva elaborando y vendiendo *panettone* desde 1882: ¡más de 140 años!

UN GRAN PAN

El *panettone* (panetone) es un pan dulce esponjoso para ocasiones especiales; ¡uno entero es un poco más grande que tu cabeza! En su interior esconde muchas sabrosas sorpresas, como frutas desecadas, frutos secos y diversos tipos de ingredientes locales. Si bien las recetas tradicionales de este dulce suelen ser bastante sencillas, los fabricantes modernos de panetone han desarrollado nuevas variedades, por ejemplo con chocolate y albaricoque. Tradicionalmente, el panetone se elabora, se compra y se come en Navidad. Antes de cortar un trozo, disfruta al inhalar su singular aroma.

INCREÍBLE MAZAPÁN

Esta fruta... ¿es de verdad o de mentira? Los panaderos utilizan mazapán, una pasta dulce elaborada con almendras, claras de huevo y azúcar, para moldear la *frutta martorana* y obtener dulces con aspecto de fruta. Cuenta la leyenda que fueron unas monjas quienes inventaron esta delicia en la Edad Media durante una importante visita de un arzobispo, en un intento de compensar la falta de fruta madura. Si paseas por las calles de Sicilia, la verás en los escaparates de las panaderías. ¡Cuesta diferenciarla de la fruta de verdad!

¡BOOOOMBA!

Los *bombolone* tal vez sean el mejor primer bocado que tomarás en la Bota. Hinca el diente a uno de estos dónuts fritos rellenos y notarás una explosión de sabor en la boca. Tal vez por eso su nombre se traduce como “bombas grandes”. Los rellenos más habituales son chocolate, pistacho, Nutella u otras cremas, y mermeladas de frutas. ¡Y ya la guinda es el toque de azúcar por encima! Encontrarás estas pequeñas delicias en las *pasticcerie* de toda Italia, y se suelen tomar para desayunar.

***FOTOS:* gelato *(pág. anterior, arriba)*; panettone *(pág. anterior, abajo)*; frutta martorana *(arriba)*; bombolone *(dcha.)*.**

UN BOCADO DE HISTORIA

PALADARES REFINADOS

En la antigua Roma, muchos platos contenían carnes "exóticas" como pavo real, loro y flamenco. No se trataba de comida callejera, sino que eran una demostración de lujo y riqueza. Cuanto más lejos vivían los animales, más exquisitos se consideraban. Un antiguo libro de cocina incluye una receta de albóndigas de flamenco. ¡La cena está servida!

El arte de cocinar, de Marcus Gavius Apicius (el patrón de los cocineros), recoge 400 recetas y tiene más de 2000 años de antigüedad.

KÉTCHUP MARINO

En la antigua Grecia y Roma, el *garum* ("garo") era una salsa popular elaborada con carne de pescado fermentada, sangre e intestinos. Y sal. Mucha sal. Era una especie de kétchup, un condimento que podía utilizarse para añadir sabor a muchos platos. Los arqueólogos incluso descubrieron una fábrica de *garum* que podía producir más de un millón de litros de salsa a la vez. Se cree que se molían varios tipos de criaturas marinas para elaborarlo, como ostras, erizos de mar y caballas. Hace varios años, unos investigadores de dos universidades españolas recrearon su propia versión de esta sabrosa salsa de pescado.

¿UN ROEDOR PARA CENAR?

Los antiguos romanos no solo comían cosas con plumas y escamas; les encantaban los lirones, roedores parecidos a los ratones con tupidas colas. Para mantener el producto fresco, ponían los lirones en un recipiente especial llamado *glirarium* antes de cocinarlos. Dentro, estos bichos comían bellotas, nueces y castañas a placer, y así engordaban antes de pasar a la cazuela. Los lirones se solían comer como primer plato de la cena, y también en tabernas. No eran como los ratones domésticos de hoy en día: se parecían más a una ardilla, medían entre 12 y 18 cm de largo y pesaban entre 100 y 150 g.

En la antigua Roma, un ciudadano rico tenía una granja de 10,4 km^2 donde criaba caracoles, cuidaba colmenas y tenía recintos llenos de lirones para comer.

FLORES FRITAS

Si prefieres saltarte los platos de carne, prueba los bulbos de jacinto fritos. En la antigua Roma, se freían en *garum*, vinagre, aceite y muchas especias. Los jacintos no eran la única hierba popular en la antigua Roma: una misteriosa planta llamada *silphium* se utilizaba prácticamente para todo: elixires médicos, zumos, asados y muchos otros platos... hasta que desapareció por completo de los registros históricos. ¡El emperador Julio César llegó a almacenar 680 kg de esta planta en su tesorería!

***FOTOS:** grabado que representa un banquete en la antigua Roma (pág. anterior, arriba); garum y anchoas (pág. anterior, abajo); un lirón (arriba); bulbos de jacinto utilizados para cocinar (dcha.).*

TODOS LOS CAMINOS LLEVAN A ROMA

FOTO: el Castel Sant'Angelo, en Roma.

POR TODA ROMA

UNA CIUDAD ETERNA

Podrías llegar a pensar que hay una invasión de lobos en la capital de Italia, Roma. Están representados en estatuas, frescos, mosaicos y otras obras. El lobo, concretamente la loba, se relaciona con la fundación de Roma en el año 753 a.C. Según la leyenda, un rey local ordenó que los gemelos Rómulo y Remo fueran abandonados en el río Tíber, porque el derecho al trono de los gemelos amenazaba su reinado. Sin embargo, los gemelos fueron salvados por una loba que los amamantó hasta que recuperaron la salud. ¡Al final crecieron y derrocaron al rey! En los **Museos Capitolinos** podrás ver una antigua escultura de la Loba Capitolina. También se pueden ver copias en el **Palazzo Senatorio** y la **Piazza del Popolo.**

Juego de luces

El Panteón, una de las maravillas arquitectónicas de Roma, ofrece cada año un espectáculo especial. El 21 de abril, a mediodía, un rayo de sol entra por la abertura de la parte superior de la cúpula, llamada óculo (ojo), y luego pasa a través de una rejilla situada sobre la entrada e ilumina el patio interior. Este prodigioso juego de luces fue diseñado hace más de 2000 años.

¡Ay, hermano!

Después de deshacerse del rey, Rómulo y Remo decidieron fundar su propia ciudad. Sin embargo, cuenta la leyenda que tuvieron una pelea sobre en cuál de las siete famosas colinas de Roma iban a construirla. Rómulo acabó asesinando a su hermano, fundó la ciudad él solo y la llamó Roma.

'BUON COMPLEANNO, ROMA!'

¡Ponte el gorro de fiesta! Si visitas Roma durante el Natale di Roma, la celebración de cumpleaños de la ciudad cada 21 de abril, serás testigo de cómo las calles cobran vida con vistosos desfiles y recreaciones históricas que celebran el aniversario de la fundación de Roma en el 753 a.C. Podrás disfrutar de luchas de gladiadores escenificadas en el **Circus Maximus,** el antiguo estadio de carreras de cuadrigas. Estas festividades corren a cargo del Gruppo Storico Romano, una organización que celebra recreaciones históricas durante todo el año para que puedas disfrutarlas en cualquier momento.

***FOTOS:** la estatua de la Loba Capitolina en Roma (arriba); desfile de centuriones romanos en una celebración popular (izda.).*

NADA COMO ROMA

FABULOSAS FUENTES Y 'NASONI' NARIGUDOS

Los acueductos (el invento más famoso de Roma y una de las innovaciones más famosas de la historia mundial) han mantenido hidratados a los romanos durante miles de años. Las fuentes, como la **Fontana di Trevi** y la **fuente de los Cuatro Ríos,** son imponentes monumentos que reflejan el amor de Roma por el agua. Por las calles de la ciudad también verás pequeñas fuentes de piedra llamadas *nasoni*. A menudo tienen tallas o miniesculturas, como la de **Via della Cordonata,** decorada con cabezas de dragón. *Nasoni*, o "narices grandes", hace referencia a la forma de sus característicos caños metálicos.

Las reliquias de la muerte

Si te gustan las catacumbas puedes visitar las de San Sebastián, Calixto, Domitila y muchas más. Otros lugares inquietantes son la cripta de los Capuchinos, una cámara funeraria subterránea conocida como "la capilla de los Huesos" repleta de calaveras apiladas, esqueletos vestidos con túnicas y techos decorados con los restos de los fallecidos.

Hay aprox. 2500 *nasoni* en Roma. Incluso puedes descargarte una aplicación llamada I Nasoni di Roma, que te indica dónde están.

BAJAR A LAS CATACUMBAS

Hay mucha belleza en las cúpulas, las azoteas y las calles de Roma. Pero ¿sabías que hay una ciudad secreta por debajo de la ciudad? ¡Las catacumbas! Se trata de unas redes subterráneas de cámaras y túneles utilizadas para entierros humanos. En Roma, el ejemplo más impresionante de estos oscuros laberintos son las **catacumbas de San Calixto.** Construidas en el s. III, estas catacumbas fueron el primer cementerio cristiano oficial conocido en el mundo. La extensísima red subterránea consta de cuatro niveles de cámaras, sepulcros, túneles y tumbas. ¿Te da miedo aventurarte en solitario? No te preocupes: puedes contratar una visita guiada.

***FOTOS:** la Fontana di Trevi, en Roma (arriba); hay muchas catacumbas en Roma, como estas debajo de la basílica de Santa María la Mayor (izda.).*

VISTAS COLOSALES

UN ESPECTÁCULO LEGENDARIO

Cuando uno piensa en ruinas antiguas, la joya de la corona en Roma es el Coliseo. Aunque este estadio de casi 2000 años de antigüedad es conocido por haber albergado combates entre gladiadores y animales como leones, jabalíes y lobos, también se organizaban cacerías e incluso batallas navales simuladas, llamadas *naumachia.* Las gradas tenían capacidad para 60 000 espectadores, que accedían por las 80 entradas del anfiteatro. Esta maravilla de la arquitectura y la ingeniería contó en su día con túneles subterráneos (*hipogeo*) con más de 30 trampillas para subir. A día de hoy, el Coliseo sigue siendo el anfiteatro más grande jamás construido.

El Coliseo estuvo pintado en su día con colores vivos, como el rojo y el blanco.

Trágica historia

Los historiadores calculan que el Coliseo fue construido por entre 60 000 y 100 000 esclavos. Se cree que la mayoría eran prisioneros de guerra judíos esclavizados. Además de mortero, hormigón, piedra caliza y otros materiales, emplearon 100 000 m³ de piedrade travertino.

Datos básicos

Tamaño: **183 m de largo aprox., 152 m de ancho y 12 pisos de altura**

Construcción: **del 72 d.C. al 80 d.C.**

Entradas: **80**

EL GLADIADOR ERES TÚ

Coge tu espada y escudo (de juguete) y ponte la armadura (de mentira). Los alumnos de la **Escuela de Gladiadores de Roma** aprenden las antiguas técnicas de los gladiadores romanos —que los profesionales llaman *gladiatura*—, bajo supervisión, claro. En una clase normal se recibe una sesión de entrenamiento de combate de dos horas. También pueden incluir carreras de obstáculos, entrenamiento con espadas (*rudis*) y un combate simulado con otros estudiantes gladiadores. Incluso puedes alquilar el atuendo típico. Luego, en el **Museo de la Escuela de Gladiadores de Roma,** podrás asistir a una recreación o aprender sobre la historia de los gladiadores y la legión romana.

***FOTOS:** el Coliseo por dentro (arriba); la Escuela de Gladiadores de Roma (izda.).*

JARDINES DE ENSUEÑO

RECORRER LOS BORGHESE

Con casi 80 Ha de fuentes, senderos sinuosos y amplios jardines, los **jardines de Villa Borghese** son el corazón verde de Roma. Súbete al tiovivo de Viale dei Bambini. Asiste a un espectáculo de marionetas en el Teatro de Títeres de San Carlino. Ejercita los brazos remando por el Giardino del Lago. ¿Ves el templo de Esculapio, donde una estatua del dios de la medicina se eleva desde el lago? Y para descansar de tanto aire libre, visita el Cinema dei Piccoli, el cine más pequeño del mundo. Si te apuntas a hacerlo y verlo todo, alquila un cuatriciclo (una bici de cuatro ruedas) o súbete al tren en miniatura del parque para ir de un lado a otro.

Datos básicos

Fuentes: **35**

Monumentos: **más de 20**

Esculturas: **más de 1000**

Antigüedad: **¡más de 400 años!**

TESOROS DE TÍVOLI

A las afueras de Roma está la ciudad de Tívoli, encaramada en lo alto de una colina. En ella se encuentra **Villa d'Este,** una preciosa finca con jardines y un palacio que se terminó de construir en el s. XVI. En total, el palacio y los jardines ocupan 45 000 m², más o menos el tamaño de nueve campos de fútbol. En los extensos terrenos, planificados con gran precisión, se alzan más de 50 fuentes y ninfeos (monumentos dedicados a las ninfas, deidades de las aguas), y no es casual, ya que en los jardines abunda el agua: casi 400 surtidores, más de 300 chorros de agua, muchas cascadas y más de 200 estanques. Un dato curioso: el agua fluye desde un acueducto utilizando únicamente la fuerza de la gravedad, sin necesidad de bombas.

***FOTOS:** jardines de Villa Borghese (arriba); Villa d'Este, en Tívoli (izda.).*

HERCULANO

Herculano fue en su día una pequeña ciudad costera al sur de Nápoles. Y entonces ¡buuum! El monte Vesubio entró en erupción en el año 79 d.C.; aludes de barro y nubes de humo descendieron sobre la ciudad (con temperaturas de hasta 370°C, más que las del horno de casa), y la sepultaron bajo 18 m de cenizas y otras rocas volcánicas. Pasaron 1700 años hasta que los arqueólogos empezaron a excavar lentamente el yacimiento. Hoy en día, solo está restaurada en parte. Aun así, en Herculano pueden verse termas, teatros al aire libre y residencias como si estuvieran congelados en el tiempo. En circuitos especiales, los visitantes llevan antorchas y descienden 25 m bajo tierra hasta unos túneles del s. XVIII; en las noches de verano, las ruinas cobran vida con luces de colores y espectáculos.

¿Te suena el nombre de esta ciudad? Según la mitología, la ciudad original fue fundada por el semidiós Hércules.

***FOTO:** las ruinas romanas antiguas de Herculano.*

Arte y arqueología

En Herculano hay increíbles restos arqueológicos, como unos 300 esqueletos encontrados en *fornici* (bóvedas) cerca de la antigua playa: mujeres, hombres y niños que murieron intentando escapar de la erupción. Los encontraron con cestos, joyas, monedas, llaves e incluso un juego de instrumentos quirúrgicos.

RUINAS ROMANAS

¿Miel caducada?
Unos arqueólogos descubrieron miel de 2500 años de antigüedad dentro de un templo; se cree que las vasijas eran ofrendas a la diosa Hera. ¿Qué obsequios habrías dejado tú a las deidades del templo?

EL SILENCIO DE LOS TEMPLOS

En la costa Amalfitana, el apacible sitio arqueológico de **Paestum** alberga tres de los templos griegos mejor conservados del mundo: el Tempio di Nettuno, el Tempio di Cerere y el Tempio di Hera, todos construidos hace 2500 años aprox. Su estilo, especialmente las gigantescas columnas, es un ejemplo de arquitectura griega más que romana. Al fin y al cabo, esto fue antaño Magna Graecia (una colonia griega).

FOTOS: el templo de Hera (arriba); decoración de un anfiteatro en Ostia Antica (pág. siguiente, arriba); un fresco de Villa Poppea (pág. siguiente, abajo).

OSTIA ANTICA

A las afueras de Roma se hallan las ruinas de otra maravilla: el antiguo puerto de Ostia Antica. Este puerto, que antaño fue muy próspero, era conocido por sus grandes salinas, donde se producía y se comercializaba la sal, que en tiempos romanos era un bien caro y preciado. En el museo de Ostia Antica se exhiben bustos que representan a ciudadanos corrientes. En Ostia Antica verás restos de casas, almacenes y galerías comerciales, y también un trono, pero uno diferente: ¡un ejemplo bien conservado de uno de los primeros aseos públicos!

A los soldados romanos antiguos a veces se les pagaba con sal, no con dinero. De este *salarium* es de donde proviene nuestra palabra actual 'salario'.

OPLONTIS

Entre los yacimientos históricos de Herculano y Pompeya, en Nápoles, se encuentra la antigua ciudad costera de Oplontis, que alberga las ruinas de **Villa Poppea.** Esta lujosa casa vacacional disponía de baños y una piscina, y probablemente perteneció a la segunda esposa del emperador Nerón. Aunque la casa aún está semienterrada bajo las cenizas del Vesubio, las pinturas de las paredes, llamadas frescos, de casi 2000 años de antigüedad, parecen casi nuevas. Desde Oplontis, puedes acercarte a la costa para ver la **roca de Rovigliano,** en el golfo de Nápoles. Según la mitología, Hércules creó esta pequeña isla cuando arrancó la cima de una montaña cercana y la lanzó al mar.

UN PASEO POR LA BOTA

FOTO: la basílica de Santa Maria della Salute, en Venecia.

LA CIUDAD FLOTANTE

La leyenda de Zolli
Según una leyenda local, un hombre llamado Joseph Zolli se aparecía junto a la estatua del héroe militar Giuseppe Garibaldi, en los jardines de la Bienal de Venecia. Se decía que su espíritu daba empujones a quienes se acercaban a la estatua, pues Zolli había jurado que sería leal a Garibaldi incluso después de muerto. Los venecianos erigieron una estatua de Zolli mirando al general... ¡y las apariciones cesaron!

PELOS DE PUNTA

La densa niebla y los sinuosos **callejones de Venecia** te pondrán los pelos de punta. No es de extrañar que haya tantas historias de fantasmas, como la del desconsolado pintor Luzzo, cuyos aullidos y gritos se dice que resuenan en los muros del **Palazzo Contarini dal Zaffo.** Y luego está la **isla de Poveglia,** escenario de numerosas historias de miedo. Hoy está abandonada, pero se utilizó como lugar de cuarentena para las víctimas de la peste cuando la enfermedad se desató en 1348 y luego como psiquiátrico para enfermos mentales. Los lugareños afirman que en la isla se aparecen montones de fantasmas... y el espíritu de un médico malvado. Está cerrada al público, pero famosos cazadores de fantasmas de todas partes obtienen permiso para visitar esta isla "maldita".

FOTOS: góndolas en Venecia (arriba); Piazza San Marco (pág. siguiente, arriba); puente Rialto en Venecia (pág. siguiente, abajo).

¿DÓNDE MIRAR?

La **Piazza San Marco** es el corazón de Venecia. Lo primero es echar un vistazo a la **basílica de San Marcos,** la catedral, que se construyó en el s. IX para albergar el cuerpo del apóstol san Marcos. Junto a ella está el **Campanile di San Marco,** el edificio más alto de la ciudad con sus 99 m. Su enorme campana de bronce, Marangona, suena dos veces al día (a mediodía y a medianoche). Sube en ascensor hasta la cima para disfrutar de unas vistas inolvidables. Y disfruta de las delicias de sus muchas cafeterías y *pasticcerie* (pastelerías).

El científico Galileo Galilei utilizó el Campanile de San Marcos como observatorio, y allí hizo una demostración de su famoso telescopio en 1609.

A PASO VENECIANO

Venecia es una ciudad mágica. Imagina un lugar donde los palacios flotan sobre el agua y en las calles hay barcas en lugar de coches. Donde más de 400 puentes cruzan los canales para conectar laberínticos callejones en los que puedes perderte. Donde antaño los residentes caminaban con máscaras decorativas para ocultar el rostro... ¡Tenían secretos que esconder! Uno de los lugares más famosos de Venecia es el **Palazzo Ducale** (el Palacio Ducal), una maravilla de la arquitectura gótica en blanco y rosa que es donde vivía el líder de Venecia, llamado dux. Las sorpresas que depara la ciudad flotante no tienen fin.

LAS ISLAS: PURA BELLEZA

A SICILIA CON LA FAMILIA

¡Bienvenidos a **Sicilia**! En el mapa, es esa isla al sur que toca la punta de la bota de Italia, la más grande del Mediterráneo, y brilla como una joya entre montañas... Aunque, con sus dos volcanes, en el interior de esta joya bulle la lava incandescente. No dejes de visitar una finca de olivos y prueba las aceitunas Castelvetrano, dulces como un caramelo. Aparte de nadar y explorar playas, podrás ver ruinas arqueológicas como el **Valle de los Templos.** También podrás comprar las últimas tendencias en ciudades como **Catania** y la capital, **Palermo.**

Oro líquido
El aceite de oliva es una industria muy importante en Sicilia. Hay nada menos que 160 000 Ha de olivares y 600 molinos aprox. que muelen los frutos para obtener su aceite. No hace muchos años, Sicilia produjo 38 000 toneladas de este delicioso líquido dorado.

Datos básicos

Tamaño de Sicilia: **25 708 km²**

Población: **5 millones**

Km de costa: **1484 km**

Pico más alto: **monte Etna, 3343 m)**

RELAX EN CERDEÑA

Cerdeña es la segunda isla más grande del Mediterráneo y, en comparación con la península, la vida es más tranquila y sosegada. Diviértete en una tirolina o en una pista de obstáculos aérea en el **Parque de Aventuras de Pula,** o disfruta del esnórquel en las relucientes lagunas turquesa de la ciudad de Cagliari. Tal vez veas flamencos rosados: decenas de miles de parejas anidan allí cada año. El pico más alto de la isla es la imponente **Punta La Marmora** (1834 m), salpicada de nieve. Cerdeña está rodeada por otras islas más pequeñas, muchas de las cuales son parques nacionales protegidos.

***FOTOS:** un pueblo medieval de piedra en Sicilia (arriba); la costa de Cerdeña (izda.).*

TIERRA ADENTRO

UN PAÍS EN LA MOCHILA

La **Ciudad del Vaticano,** en Roma, es el hogar de un residente de renombre: el papa. Sin embargo, la Ciudad del Vaticano en sí es bastante pequeña. De hecho, es la nación independiente más pequeña del mundo. Mide solo 0,44 km^2, más o menos el tamaño de 20 manzanas de una ciudad normal. Se puede subir hasta lo más alto de la **basílica de San Pedro** (500 escalones), cuya cúpula fue diseñada por Miguel Ángel. También valen la pena los **Museos Vaticanos,** que contienen 20 000 obras. ¡Hay 54 galerías y 1400 salas para explorar! A la ciudad también la llaman la Santa Sede, que significa "centro oficial" de la Iglesia católica romana.

Cuando un papa fallece, los cardenales expulsan humo blanco desde una chimenea especialmente diseñada en la Capilla Sixtina para comunicar que se ha elegido un nuevo papa.

De ermitaño a santo

Otras ciudades italianas se fundaron en nombre de una deidad o gobernante local, pero se dice que San Marino nació cuando un cantero llamado Marinus huyó al monte Titano en el año 301 d.C. para evitar la persecución religiosa. Acabó viviendo como un ermitaño y llegó a ser santo.

Datos básicos

Población: **500 personas aprox.**

Número de guardias suizos que protegen al papa: **135**

Número de visitantes anuales: **6,7 millones**

SAN MARINO, LA MICRONACIÓN

La **República de San Marino** es la nación soberana más antigua del mundo y el quinto país más pequeño. Visita el **Museo Estatal,** que alberga 5000 objetos históricos, algunos del Neolítico hasta la Alta Edad Media. Luego puedes ver el **Museo de Sellos y Monedas,** que muestra la afición de San Marino por la filatelia (el estudio de los sellos). En verano, asiste al cambio de guardia en la **Piazza della Libertà** o disfruta de platos locales como sopa de habas o conejo guisado *al fresco* (al aire libre). En San Marino se habla italiano, aunque quizá escuches a algún lugareño hablar en dialecto sanmarinense.

FOTOS: plaza de San Pedro, en Ciudad del Vaticano (arriba); San Marino (izda.).

TOSCANA: MARAVILLA MEDIEVAL

BELLEZA RENACENTISTA

La ciudad de **Florencia** es todo un espectáculo. Cada año, más de 5 millones de personas visitan los museos **Uffizi** y la **Galleria dell'Accademia.** ¡Los mismos que los habitantes de toda Dinamarca! En esta ciudad la joya de la corona es el **Duomo,** una de las iglesias más grandes del mundo. Si subes los 414 escalones del campanario de Giotto, verás la ciudad desde una altura de 85 m. La torre cuenta con 12 campanas; la más grande tiene más de 600 años.

El suelo de mosaico de la catedral de Siena tiene un total de 56 paneles, creados con una técnica llamada "grafito", que consiste en perforar a mano agujeritos en un mármol durísimo.

¡A CORRER!

La ciudad de **Siena** transmite un esplendor medieval. Como su vecina Florencia, Siena cuenta con una espectacular catedral (duomo) a llamativas rayas blancas y negras. Pero aún impresiona más el suelo de mosaico del interior, que ilustra historias del Antiguo Testamento, el primer libro de la Biblia cristiana. Da un paseo por la **Piazza del Campo** y no te pierdas el Palio di Siena, una carrera de caballos anual que lleva celebrándose desde 1633. En ella, 17 *contrade* (barrios) compiten para ganar un *drappellone*, que es un lienzo pintado por un artista local. ¿A favor de quién vas?

LAS TERMAS DE SATURNO

Cuenta la leyenda que el dios romano Saturno lanzó un rayo en este mismo lugar, las **Terme di Saturnia,** en la actual Toscana, haciendo que un agua caliente y sulfurosa brotara de las profundidades de la tierra y llenara el cráter que dejó tras de sí. Los bañistas llevan más de 3000 años remojándose en estas piscinas. Al visitar estas brillantes aguas azules, tal vez te sientas como si participaras en un ritual ancestral. Se dice que estas aguas ricas en minerales, que se calientan mediante un volcán cercano, ayudan a los bañistas a mantener la buena salud. Además, hay dos piscinas de 1 m de profundidad diseñadas especialmente para los visitantes más jóvenes. Las piscinas tienen una temperatura media de 37,5°C.

¡MUUUY INTERESANTE!

No hay que irse de la Toscana sin visitar una granja, la excusa perfecta para ver de cerca animales locales y aprender cómo se elaboran algunos alimentos. ¡Y las hay por toda Italia! Solo en la Toscana hay 4000 granjas y productores de alimentos aprox. Puedes buscar trufas (un hongo aromático y delicioso) o prensar aceite de oliva. ¿Alguna vez has estado cerca de una búfala, o has probado el queso mozzarella, ricotta o burrata que se preparan con su leche?

***FOTOS:** la catedral de Florencia al atardecer (pág. anterior, arriba); el Palio di Siena (pág. anterior, abajo); termas de Saturno (arriba); búfalos (dcha.).*

¡FIESTAS!

Hay muchos tipos de máscaras venecianas, como la del *medico della peste*, con su largo pico.

EL CARNAVAL

¡Acércate! Todos los años, las calles de Italia se animan con la pintoresca celebración del Carnaval, pero ninguna fiesta está a la altura del **Carnevale di Venezia.** Según la leyenda, las celebraciones de la ciudad se remontan a casi 1000 años atrás. La imagen más famosa del Carnaval es la máscara veneciana, que ya se usaba en la Edad Media y suele estar elaborada con papel maché. Escoge un disfraz, únete al desfile y no te pierdas el "Vuelo del Ángel", un evento tradicional en el que una acróbata con un vestido vaporoso y alas desciende volando desde una torre (suspendida solo por una cuerda). Es como vivir un cuento de hadas.

***FOTOS:** una mujer enmascarada en el Carnaval de Venecia (arriba); un caballo engalanado participa en una sagra (pág. siguiente, arriba); carrozas en el festival toscano de Viareggio (pág. siguiente, abajo).*

'SAGRE': ¡POR TODO LO ALTO!

Una *sagra* es una fiesta tradicional en la que una ciudad o barrio rinden homenaje a su cultura local, normalmente con comida... Y más comida. Durante estas celebraciones, las calles se llenan de puestos ambulantes con alimentos regionales. Cada *sagra* es diferente, pero todas ofrecen música en directo, juegos divertidos y la oportunidad de bailar. Suelen celebrarse en verano y otoño. Entre las mejores están la Sagra della Pasta (Festival de la Pasta), en **Campania**, la Festa della Fragola (fresa) en Sicilia, y la Sagra del Pesce (pescado) en **Liguria.** ¡Hay que ir con hambre!

Los artistas y artesanos teatrales llamados *carristi* dedican meses a elaborar las carrozas de Viareggio en la Cittadella del Carnevale (Ciudadela del Carnaval). Construirlas todas puede llegar a costar 4 millones de euros.

¡VIVA VIAREGGIO!

Cada mes de febrero, la ciudad toscana de **Viareggio** se ve invadida... ¡por gigantes de papel maché! Este evento anual es famoso por sus cinco cabalgatas y sus enormes carrozas. Las fantásticas esculturas pueden representar a políticos, famosos o personajes de ficción. Muchas de ellas también transmiten potentes mensajes: no hace mucho, desfiló un enorme gorila con uniforme de soldado que era una crítica a la guerra. Las carrozas también pueden tener partes mecánicas o luces parpadeantes, y muchas miden más de 15 m de alto, como un edificio de cuatro pisos. El público también suele disfrazarse ¡y probablemente tiren *coriandoli* (confeti) por todas partes!

EL LADO MÁS SALVAJE

FOTO: un íbice alpino en el Parque Nacional Gran Paradiso.

AMIGOS PELUDOS

Un sexto sentido
Los arqueólogos se han preguntado por qué no se han hallado restos de gatos en las ruinas de Pompeya, pues, gracias a los frescos, se sabe que rondaban las calles en aquella época. Hay quien piensa que los felinos, gracias a su sexto sentido, percibieron el peligro y se pusieron a salvo antes de la erupción del Vesubio.

ANIMALES GATÁSTICOS

Ya fuera porque los consideraban sagrados o porque eran muy útiles cazando bichos, lo cierto es que en Italia han adorado a los gatos desde la época del antiguo Imperio romano. Hay colonias de estos amigos de cuatro patas por todo el país, como la **Colonia Felina de Torre Argentina,** en Roma, donde los gatos deambulan entre ruinas arqueológicas cargadas de historia. Tal vez te topes con curiosos mininos en el histórico **Castel dell'Ovo,** en Nápoles, y sin duda también corren por las ruinas del **Valle de los Templos,** en Sicilia. Suelen darles de comer voluntarias conocidas como *le gattare*. El mundo es de los gatos... nosotros solo estamos invitados.

JABALÍ QUE TE VI

¿Qué es enorme, con pezuñas y megapeludo? ¡El *cinghiale!* La población de jabalíes se ha disparado en toda Italia en los últimos años debido a la falta de depredadores naturales. Al fin y al cabo, ¿quién sería capaz de detener una mole de músculos de entre 59 y 91 kg? Los *cinghiali* pueden verse en zonas urbanas rebuscando en cubos de basura y en busca de restos de comida en las calles. Recuerda, si ves uno de estos animales y sus colmillos, no te acerques: ¡son peligrosos!

Algunos jabalíes cazados en la Toscana pesaban más de 135 kg. ¡Tanto como un caballo pequeño!

EL GALGO ITALIANO

La antigua nobleza italiana criaba a estos perros pequeños, delgados y elegantes como mascotas y compañeros de caza. Aparecen representados en los mosaicos, pinturas y restos arquitectónicos de los últimos 2000 años. El galgo italiano, también llamado lebrel italiano, es una raza propia y única. Los de hoy en día no miden más de 38 cm a la altura de la cruz (detrás del cuello) y pesan unos 3-6 kg. Una cosa sigue siendo cierta desde la antigüedad: son unos perros adorables.

***FOTOS:** un gato romano (pág. anterior); jabalíes (arriba); un galgo italiano (izda.).*

MUSEOS DE HISTORIA NATURAL

INVENTOS INSPIRADORES

El **Museo Nazionale della Scienza e della Tecnologia Leonardo da Vinci,** en Milán, es el museo de ciencia y tecnología más grande de Italia. Los visitantes pueden aprender sobre el espacio, la energía y el vuelo a través de los inventos de Da Vinci. Hay 170 modelos históricos de inventos, como una máquina voladora humana llamada planeador. El museo también cuenta con un submarino, trenes históricos y una exposición llamada "Robotic Voice Activated Word Kicking Machine".

En 1992, 300 años después de que consideraran a Galileo culpable de herejía (un delito contra la Iglesia) por su creencia en el heliocentrismo, la Iglesia católica finalmente limpió su nombre.

LOCOS POR GALILEO

Galileo Galilei cambió la ciencia para siempre cuando demostró que la Tierra orbita alrededor del Sol, lo que se conoce como heliocentrismo, y no al revés. En 1609, fue la primera persona que estudió el cielo nocturno con un telescopio, y lo hizo precisamente en Florencia. Así pues, el **Museo Galileo** es la parada perfecta para ver telescopios, relojes de sol, microscopios y otros instrumentos científicos y extraordinarios, algunos de los cuales fueron utilizados por el propio Galileo. ¡Incluso hay una reliquia que contiene uno de los dedos (de verdad) de Galileo!

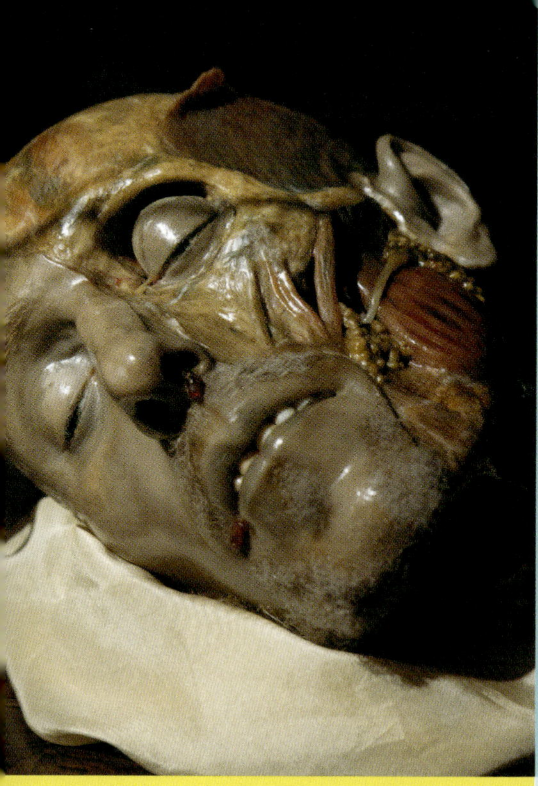

ESCALOFRIANTE

El museo de la ciencia más antiguo de Europa, **La Specola,** en Florencia, es famoso por su colección de modelos de cera. Sin embargo, a diferencia de otros museos de cera, estas creaciones nos muestran lo que hay por dentro de los seres vivos: músculos, órganos y otras partes del cuerpo. Este singular museo cuenta también con más de tres millones de animales embalsamados (disecados), aunque solo se exhiben unos 5000. Es una mezcla muy curiosa de arte y ciencia con un toque de historia de la medicina. Además, el ambiente de las 24 salas del museo hace que la experiencia resulte un poco espeluznante. Un consejillo: no vayas recién comido...

En su día, un motivo para crear modelos de cera realistas era evitar desenterrar cadáveres para la investigación médica.

¡MENUDO FÓSIL!

Acércate a Trento para visitar el **Museo delle Scienze,** apodado MUSE, que cuenta con seis plantas repletas de exposiciones científicas interactivas. Incluso hay un gimnasio en el que puedes tumbarte sobre una cama de faquir... ¡sí, una cama de clavos! En la sede de Predazzo, podrás ver la mayor colección de Italia de fósiles invertebrados, así como fósiles vertebrados, como el *Tridentinosaurus antiquus*, un reptil parecido a un lagarto. Diseñado por un arquitecto famoso, el moderno edificio del museo es una obra de arte en sí mismo.

FOTOS: Museo Nazionale della Scienza e della Tecnologia Leonardo da Vinci (pág. anterior, arriba); Museo Galileo, en Florencia (pág. anterior, abajo); modelo de cera de una cabeza humana en el museo La Specola (arriba); Museo delle Scienze (dcha.).

MARAVILLAS ACUÁTICAS

¡Las olas del estrecho de Mesina se ven desde el espacio!

VIDA EN EL REMOLINO

Una estrecha franja de mar separa la isla de Sicilia de la península, y es un hervidero de vida submarina. Conocido como el **estrecho de Mesina,** allí las corrientes son tan fuertes que arrancan las algas del fondo del mar. Las corrientes fluyen en direcciones opuestas y cambian cada seis horas, creando unas aguas caóticas y agitadas que a veces traen a la superficie vida de las profundidades marinas. ¿Te imaginas toparte con un pez víbora y sus dientes afilados? Mira bien, tal vez veas el remolino natural que, según se dice, inspiró el mito de los monstruos marinos Escila y Caribdis. La parte más angosta del estrecho mide menos de 3 km de anchura.

¡AL FIN, UN DELFÍN!

El **golfo de Tarento,** en el sur de Italia, está repleto de vida marina. Por ejemplo, delfines mulares, que llevan miles de años nadando en estas relucientes aguas... De hecho, hay monedas locales del s. III a.C. con la imagen del hijo del dios marino Poseidón montado en un delfín. Hoy, estas esbeltas criaturas se acercan bastante a la costa. Los delfines son inteligentísimos y se sabe que se aproximan a los barcos. Si sales de excursión, tal vez veas alguno junto a tu embarcación.

A pocos kilómetros de la costa de Tarento, un valle submarino se adentra 2000 metros en la tierra. Se dice que en el cañón vive el calamar gigante, que puede llegar a medir más de 12 m de longitud.

DORMIR CON TIBURONES

El **acuario de Génova** (Acquario di Genova) cuenta con 400 especies animales y 200 especies vegetales aprox. Podrás ver criaturas de mares tropicales, templados y fríos, como tiburones cebra, peces sierra, morenas y pingüinos. Súbete las mangas, porque en las piscinas táctiles podrás tocar una raya. ¡Incluso puedes comprar una entrada especial para pasar la noche junto al tanque de tiburones! Si no te interesa especialmente una fiesta de pijamas con escualos, aún te quedarán 27 000 m^2 de acuario para explorar antes de que se ponga el sol.

***FOTOS:** el estrecho de Mesina (pág. anterior); un delfín mular en Tarento (arriba); peces en el acuario de Génova (izda.).*

¡A LO SALVAJE!

Datos básicos

Medida del cuerno:
1 m

Altitud de su hábitat:
Por encima de los 2000 m

Salto medio:
¡1,8 m de altura!

COMO UNA CABRA

El íbice alpino es el rey de la montaña. Sus largos cuernos curvados y sus pezuñas especiales ayudan a esta especie de cabra salvaje a sobrevivir en hábitats de gran altitud. Son expertos escaladores; a pesar de su tamaño, suben por terrenos muy empinados, trepando por paredes rocosas como si lo hicieran de puntillas. El íbice alpino es el símbolo del **Parque Nacional Gran Paradiso.** Estuvieron al borde de la extinción en el s. XIX, pero la menguante población encontró refugio en el parque y las cifras se recuperaron. ¡Menos mal!

EL HOGAR DE LOS OSOS

Enclavado en los Apeninos, el **Parque Nacional de los Abruzos** es uno de los más antiguos de Italia. Se creó en 1923 para proteger la fauna, los bosques y los parajes naturales únicos de la región. Los Abruzos protegen varias especies en peligro de extinción, como el oso pardo de los Apeninos, una especie que solo habita en el centro de Italia. Ver a uno de estos omnívoros sería una suerte, ya que solo quedan en el mundo 60 aprox. El parque abarca unas 50 000 Ha, con bosques salvajes, picos montañosos, ríos cristalinos y mucha biodiversidad.

Ruglio significa "rugido de oso" en italiano.

MAJESTUOSAS ÁGUILAS

Con una envergadura de hasta 2 m, el águila perdicera es una temible ave rapaz. Aunque no está en peligro de extinción, las poblaciones que antaño proliferaban en Italia fueron ahuyentadas por la actividad humana. Recientemente, liberaron un pequeño número de águilas perdiceras en el **Parque Nacional de Tepilora,** en Cerdeña, con el objetivo de reintroducir esta especie en la zona. Estas águilas prosperan en las regiones montañosas porque prefieren construir sus enormes nidos a gran altitud. Son feroces cazadoras y defensoras de su territorio... y sus garras lo demuestran.

***FOTOS:** un íbice alpino (pág. anterior); cachorros de oso pardo de los Apeninos en los Abruzos (arriba); un águila perdicera (izda.).*

¡VAYA BICHOS!

¡Rayos y culebras!
Cada año, la localidad de Cocullo celebra la festividad de su patrón, san Domenico Abate, llevando en procesión una estatua del santo por las calles... ¡cubierta de serpientes vivas! Los *serpari* (parientes lejanos de los encantadores de serpientes medievales) capturan culebras no venenosas para este ritual.

UN SSSSSIGNO DE BUENA SUERTE

La culebra de Esculapio puede llegar a medir más de 1,8 m de largo. Los lugareños a veces la llaman *saettone occhirossi* (la corredora de ojos rojos) por sus brillantes ojos de ese color. Esta serpiente, que recibe el nombre del dios de la medicina, probablemente era una de las especies que frecuentaban los primeros hospitales romanos. Las estatuas de Esculapio lo suelen mostrar sosteniendo un bastón con una culebra enroscada a su alrededor. Por su conexión con la mitología, la serpiente se considera un signo de buena suerte. ¡Menos mal que no es venenosa!

***FOTOS:** una culebra de Esculapio (arriba); un murciélago orejudo sardo (pág. siguiente, arriba); una musaraña etrusca (pág. siguiente, abajo).*

MURCIÉLAGO, ¿ME OYES?

El murciélago orejudo sardo es endémico de la región, lo que significa que solo se encuentra en esta isla (Cerdeña). Lo reconocerás por el pelaje marrón claro y las grandes orejas, que pueden llegar a ser casi del tamaño de su cuerpo. A este monísimo mamífero volador le encanta refugiarse en las muchas cuevas y afloramientos rocosos de Cerdeña. Como otros murciélagos, son esenciales para mantener un ecosistema equilibrado; se alimentan de insectos, por lo que ayudan a controlar las poblaciones de estos pequeños bichos.

Datos básicos

Tamaño: **4,6 cm**

Longitud de las orejas: **3,8 cm**

Peso: **9 g (aprox. como dos uvas)**

MIRAR A LAS MUSARAÑAS

La musaraña etrusca, que vive en toda Italia, es el mamífero más pequeño del mundo en cuanto a masa. Estos roedores pueden pesar solo 1,7 g y medir 3,5 cm de largo. Así pues, son más ligeros que una pluma de pájaro y más pequeños que tu dedo meñique. Tienen un morro largo y afilado con el que buscan comida constantemente para reponer energías. Cada día comen casi el doble de su peso corporal en insectos y lombrices. Se comunican mediante chirridos, chasquidos y chillidos.

ITALIA VERDE

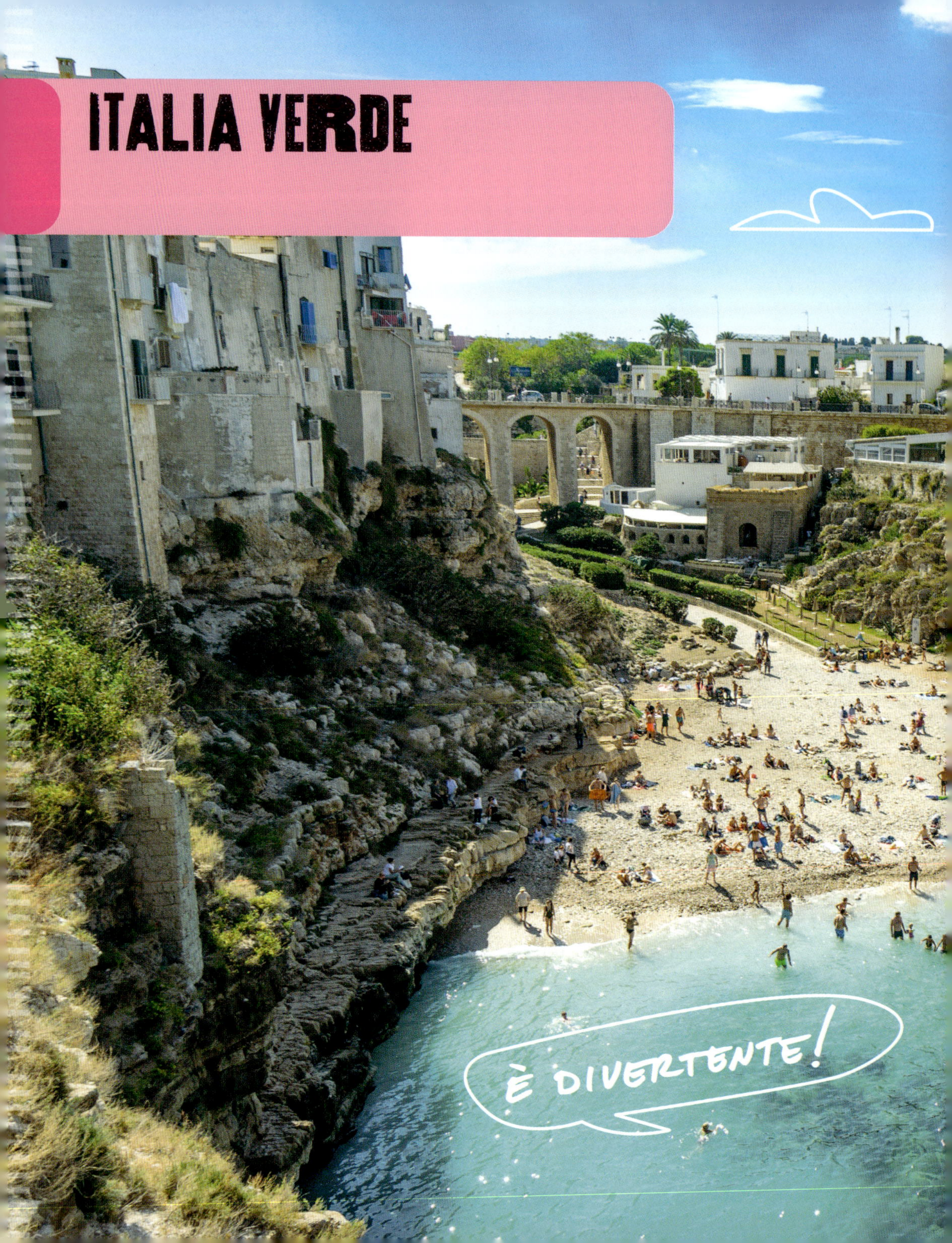

FOTO: Polignano a Mare, en el sur de Italia.

MÁGICOS DOLOMITAS

Datos básicos

Pico más alto:
Marmolada, 3342 m

Superficie total:
15 942 km²; (¡como Navarra y La Rioja juntas!)

Total de picos importantes: **18**

IMPONENTES MONTAÑAS

Adéntrate en esta preciosa cordillera del norte de Italia para vivir una aventura formidable. Los Dolomitas son famosos en todo el mundo por sus picos escarpados, sus pronunciados valles y sus brillantes lagos glaciares. El **lago Sorapis** tiene un impresionante tono azul, azul proveniente del polvo que cae de un glaciar. Austria es el país vecino, lo que significa que los pueblos, la comida e incluso el idioma son una mezcla de las culturas italiana y austriaca. Mientras observas los parajes que recorres en coche, abróchate bien el cinturón: ¡las carreteras son sinuosas, estrechas y muchas veces empinadas!

FOTOS: los Dolomitas (arriba); Cortina d'Ampezzo (pág. siguiente, arriba); un rebeco (pág. siguiente, abajo).

DEPORTES DE NIEVE

¡Ponte los esquís! En los Dolomitas encontrarás actividades cargadas de adrenalina por doquier, pero la reina de todas las cumbres es **Cortina d'Ampezzo,** donde puedes bajar por más de 70 pistas que serpentean por 12 preciosos valles. Si prefieres contemplar las vistas, muchos de los 26 remontes pueden usarlos los no esquiadores. También encontrarás raquetas de nieve, esquí de fondo y escalada en hielo, ¡e incluso yoga en la nieve! Sobrevuela las montañas con el teleférico Freccia nel Cielo, un trayecto de 30 min entre Cortina y la cima de **Tofana di Mezzo,** el tercer pico más alto de los Dolomitas.

De cumbre en cumbre

Scoiattoli di Cortina (Ardillas de Cortina) es un grupo de 100 alpinistas. Estos montañeros en ocasiones abren nuevas (y, a veces, peligrosas) rutas de escalada por primera vez.

VISTAS VERANIEGAS

Los Dolomitas deslumbran incluso cuando la nieve del invierno se ha derretido. El entorno bulle de vida silvestre. En una excursión puede que veas ciervos, marmotas y zorros, entre otros. Las montañas son el lugar ideal para esos adorables escaladores peludos, como el rebeco (un tipo de cabra salvaje) y el muflón (oveja salvaje). Mira, ¿eso de ahí arriba es una magnífica águila real? Luego, intenta contar cuántas flores silvestres hay, como rododendros y campanillas. Además, en los restaurantes locales tal vez incluyan alguna de estas flores en el menú. ¡Ñam!

COSTA AMALFITANA

Los limones de Amalfi pueden hacerse enormes: ¡algunos miden 30 cm de ancho y llegan a pesar 1,8 kg!

UNA COSTA ASOMBROSA

La naturaleza y el ser humano se unieron para hacer de la costa Amalfitana un paisaje único. Aquí, los edificios de colores pastel se aferran a los escarpados acantilados, que pueden alcanzar los 150 m de altura. Únete a los cientos de visitantes en las **playas de Fornillo y Spiaggia Grande** para chapotear y jugar en las olas. Un capitán local te llevará en aliscafo (pequeña embarcación a motor) a nadar a diversos puntos de la costa. En ciudades costeras como **Minori, Maiori, Ravello** y **Amalfi** verás antiguos castillos y ruinas. Fuera del agua, recorre el Sendero de los Limones para disfrutar de estos árboles a lo largo de 3,2 km.

Tesoro oculto

Los piratas se escondían en las cuevas de la costa, y un escritor italiano cuenta la historia de un cofre del tesoro perdido que está oculto en un castillo local llamado Villa Rufolo. ¡La gente solía celebrar sesiones de espiritismo para invocar a los fantasmas y averiguar dónde estaba enterrado el tesoro!

Se dice que el emperador romano Tiberio utilizaba la Gruta Azul como su piscina privada.

BELLEZA AZUL

La **Gruta Azul** suena como si hubiera salido de un cuento de hadas, con esa agua azul brillante que parece resplandecer. Esta cueva marina se esconde en la costa de la isla de Capri, a un paseo en barco desde Amalfi. La entrada es tan pequeña que tendrás que agacharte hasta el fondo de la barca para pasar. Pero, una vez dentro, la cueva mide 60 m de largo y 150 m de profundidad. Los peculiares efectos de la luz hacen que los objetos en el agua parezcan plateados. ¡Es como estar en las entrañas de un monstruo marino mágico!

***FOTOS:** Positano, en la costa Amalfitana (arriba); la Gruta Azul (izda.).*

BAJO TIERRA

INCREÍBLE INFRAMUNDO

Desciende a 40 m de profundidad y adéntrate en 2400 años de historia... ¡si te atreves! Como si fueran los niveles de un videojuego, **Napoli Sotterranea** es un enorme laberinto de cuevas y túneles artificiales por debajo del ajetreo de Nápoles. Una sorpresa aguarda tras cada esquina en esta ciudad bajo la ciudad, como motos oxidadas e incluso un jardín botánico. Los antiguos griegos fueron los primeros en excavar allí. ¡Hoy puedes viajar en el tiempo y explorarlo todo!

Según leyendas locales, este subsuelo está protegido por Monaciello, el espíritu de un monje travieso.

VIVIR EN CUEVAS

Las cuevas de piedra caliza de la ciudad de **Matera** son una parte importante de las primeras etapas de la historia humana. Muchos creen que empezaron a estar habitadas hace más de 7000 años, lo que convierte Matera en uno de los asentamientos más antiguos del mundo. En la ciudad, al borde de un acantilado, sigue viviendo gente hoy; algunas de las casas excavadas han estado habitadas durante miles de años. Visita **Casa Grotto** (Casa Cueva) para ver los arcos de piedra tallados a mano, los techos bajos y las cisternas para recoger agua de lluvia.

ESPELEOLOGÍA ESPECTACULAR

Con sus más de 3000 m de túneles, cavernas y simas entrelazados, las **cuevas de Castellana,** en la región de Apulia, son uno de los sistemas de cuevas más grandes de Italia. La atracción estrella es La Grave, que mide 100 m de largo y 50 m de ancho, aunque no es solo por su tamaño por lo que recibe millones de visitantes: el techo tiene un hueco natural, una especie de claraboya por donde entra abundante la luz del sol. En la Cueva Blanca, llena de cristales y estalactitas, también habitan murciélagos, escorpiones y saltamontes.

Datos básicos

Profundidad: **122 m bajo el nivel de la calle**

Temperatura: **16,7 °C**

Edad: **90 millones de años (tanto como los dinosaurios)**

CURIOSOS HABITANTES

Cerca de la tumba del famoso escritor Dante Alighieri, en la ciudad de Rávena, se encuentra la **basílica de San Francesco.** Bajo el suelo de esta iglesia medieval hay peces que viven en una cripta inundada. La cámara funeraria tiene un estanque permanente, debido a que el edificio se hunde lentamente en el terreno pantanoso. En un momento dado entraron peces e hicieron de ese sitio su hogar. Da buena suerte si tiras una moneda (¡y unos copos de comida para peces!).

***FOTOS:** túneles por debajo de Nápoles (pág. anterior, arriba); antiguas casas cueva de Matera (pág. anterior, abajo); cuevas de Castellana (arriba); la cripta inundada de la basílica de San Francesco (dcha.).*

FABULOSOS JARDINES

Datos básicos

Tamaño de Bóboli: **4,5 Ha (10 campos de fútbol aprox.)**

Estatuas: **Más de 200**

Visitantes anuales: **1 millón**

La familia Médici utilizó las cuevas artificiales de Bóboli para congelar nieve de cara a almacenar alimentos. Gracias a ello, la acaudalada familia celebraba grandes banquetes.

TRAS LOS PASOS DE LOS DIOSES

Bóboli es divertido de pronunciar ¡y aún más divertido de explorar! El **jardín de Bóboli,** en Florencia, es un exuberante paraíso verde y un museo al aire libre lleno de estatuas renacentistas, grutas y fuentes asombrosas. Varios dioses se esconden entre los setos, ¿encuentras a Apolo, Dioniso, Júpiter y Pegaso en pleno salto? Busca también el rostro de 4 m de altura que se asoma entre los arbustos: ¡es Tíndaro Screpolato, rey de Esparta! Te lo pasarás fenomenal perdiéndote en los sinuosos senderos, donde florecen los cítricos y hay arcoíris hechos de rosas. Di "patata" bajo los *cerchiate*, túneles hechos con ramas.

***FOTOS:** una rosaleda en Bóboli (arriba); Jardín Botánico de Padua (pág. siguiente, arriba); el Palacio Real de Caserta (pág. siguiente, abajo).*

PLANTAS Y MÁS PLANTAS

Plantado en 1545, el **Jardín Botánico de Padua** fue el primero de su clase en el mundo. Y no se trata de un jardín cualquiera: fue diseñado para fomentar el estudio de la botánica, la medicina, la ecología y la química. Hoy en día, prosperan 6000 plantas y 3500 especies; se trata de un laberinto que estimula el olfato y está repleto de flores de jade, especies curiosas como el cactus luna e incluso plantas que comen insectos. La zona verde del centro —llamada *hortus simplicium*— es un círculo perfecto que simboliza la Tierra. El jardín es como una biblioteca viviente de plantas.

La venus atrapamoscas puede cerrar sus "mandíbulas" en una décima de segundo, ¡literalmente en un abrir y cerrar de ojos!

VIDA DE REYES

El **Palacio Real de Caserta** tiene cinco plantas, ¡y 1400 habitaciones! Sin embargo, pese a su aspecto tan imponente, el tesoro más preciado del palacio son los jardines que lo rodean. Empieza por el Parque Real, en cuya avenida de casi 3 km se alzan seis fuentes y 60 estatuas; ¡saluda a los monstruos marinos de la fuente de los Delfines! Luego puedes recorrer el Jardín Inglés, con 228 especies de árboles, cuatro invernaderos y un sereno lago con nenúfares. No olvides explorar el antiguo bosque de Bosco Vecchio antes de irte.

CURIOSIDADES COSTERAS

PUEBLOS IMPOSIBLES

Visitar **Cinque Terre,** en la costa de Liguria, es como adentrarse en una obra de arte de casas de colores y acantilados. *Cinque* significa cinco, por estos cinco pueblos: **Vernazza, Monterosso al Mare, Manarola, Riomaggiore** y **Corniglia.** Se conectan entre sí por senderos bordeados de olivos que serpentean por las pronunciadas colinas. Incluso una breve caminata (o un paseo de una tienda a otra) depara unas vistas increíbles de las aguas turquesa que hay a los pies. Baja hasta el mar para escuchar cómo las olas rompen contra los peñascos.

FOTOS: Vernazza, en Cinque Terre (arriba); Polignano a Mare, un pueblo de Apulia (pág. siguiente, arriba); una estatua submarina en Bayas (pág. siguiente, abajo).

EL TALÓN DE LA BOTA

¡Disfruta del sol en **Apulia**! Esta región, situada justo en el talón de la bota de Italia, está encajada entre los mares Jónico y Adriático, por lo que tiene playas en abundancia. **Torre Lapillo** y **Punta Prosciutto** son buenos lugares para empezar. Puedes pasar el día haciendo castillos de arena, entrando y saliendo de las cálidas aguas y admirando la fauna submarina mientras buceas. Localidades antiguas como **Gallipoli** ofrecen tanto playas como una dosis de historia. Apulia es un paraíso de aceitunas, uvas, otras frutas y muchos platos de pescado y marisco.

'Trulli chulis'

Los bonitos *trulli* de Apulia, que son pequeñas cabañas de piedra con tejados en forma cónica, se construyeron con técnicas prehistóricas. Las marcas en los tejados servían para alejar la mala suerte.

LA CIUDAD SUMERGIDA

Hay yacimientos arqueológicos por toda Italia... ¡y uno de ellos está bajo el agua! La antigua ciudad de **Bayas** era un popular lugar de vacaciones para los romanos. Los ricos visitaban este lujoso lugar para chapotear en las aguas termales y relajarse en magníficas villas. La zona fue destruida por un ejército invasor hace más de 1000 años y, con el tiempo, las ruinas se hundieron bajo las olas del mar. Hoy los aventureros más atrevidos aún pueden explorar las ruinas de Bayas haciendo esnórquel o apuntándose a un circuito especial en un barco con fondo de cristal.

SECRETOS DEL PAÍS

OGNI PENSIERO VOLA

CUÉNTAME

IDIOMAS CASI PERDIDOS

Descubrir un nuevo idioma es como abrir un cofre secreto: las palabras transmiten una historia, una cultura y unas tradiciones únicas, como si fueran tesoros. Pero igual que ocurre con las especies de animales, los idiomas pueden caer en peligro de extinción e incluso desaparecer. En Italia se hablan aprox. 30 idiomas vulnerables. El napolitano es uno de esos dialectos que van desapareciendo cada año, a medida que sus hablantes se pasan al italiano "estándar".

¿Conoces la famosa canción "O sole mio"? ¡Entonces ya has escuchado napolitano!

FRIULANO FELIZ

El idioma friulano es antiguo. Lleva más de 1000 años hablándose en el noreste de Italia (Friul-Venecia Julia), entre los Alpes nevados, ríos gélidos y pueblos tradicionales. Es verdad que al principio suena a italiano, pero, si escuchas con atención, notarás la influencia germánica y eslava. Muchas expresiones, como *bundì* (buenos días), son diferentes de su equivalente italiano (*buongiorno*). Como otras lenguas locales, preserva la cultura a través de poemas, cuentos y su uso en la vida cotidiana. Hoy en día lo hablan aprox. 450 000 personas. Siéntate a probar los *strucchi* (un dulce regional) ¡y a practicar!

AL PIE DE LA MONTAÑA

Cum al'è? Así se dice "¿cómo te va?" en piamontés. Este idioma musical lo hablan 700 000 personas en **Piamonte,** una región del noroeste de Italia. *Piemonte* significa "pie de la montaña", pues la región está rodeada por los imponentes Alpes. Había otras variantes del piamontés que ya no existen, como el judeo-piamontés, que hablaba la comunidad judía local hasta la II Guerra Mundial, cuando la población fue exterminada en el Holocausto. Parte del idioma se conserva en internet, pero hoy en día, que se sepa, no quedan hablantes vivos.

La expresión piamontesa *esse un barbis* se traduce como "ser un bigote". Lo que significa en realidad es ser ser alguien sabio o con experiencia... una manera divertida de decir que una persona sabe mucho.

VIAJAR EN EL TIEMPO

Ve a **Calabria** y **Apulia,** en la parte de abajo de la bota de Italia, y encontrarás un idioma que es una fascinante mezcla de griego e italiano. El griko no solo es antiguo, sino que parece un viaje al pasado. Muchos creen que su origen se remonta a los griegos que se establecieron en la península italiana en el s. VIII a.C., hace casi 3000 años. ¿Te imaginas intercambiar historias sobre monstruos marinos y dioses utilizando una versión de este idioma mágico? Solo quedan 20 000 personas aprox. que aún lo hablan.

***FOTOS:** escultura del Orco con la boca abierta en el Parque de los Monstruos, en Lacio (pp. 120-121); un mercado en Nápoles (pág. anterior, arriba); cenando al fresco en Trieste (pág. anterior, abajo); estación de esquí en Piamonte (arriba); verano en Gallipoli, Salento (dcha.).*

COLECCIONES CURIOSAS

¡LIBROS A LA VISTA!

La **Libreria Acqua Alta,** en Venecia, es una de las más famosas del mundo. Te sentirás como si hubieras caído por la madriguera del conejo junto con Alicia. En lugar de estantes tradicionales, los libros se apilan en góndolas, canoas y bañeras. Esta decoración tan singular también cumple una función: proteger el papel de las inundaciones. Este es el sitio *perfetto* para encontrar libros usados, raros y nuevos con los que profundizar en tus conocimientos sobre Venecia.

'BAMBOLATORIO'

Entre los bustos de mármol, las fuentes majestuosas y las excelentes pizzerías de Roma hay un lugar curioso: una montaña de cabezas, extremidades, ojos y otros miembros de plástico. Bienvenidos al **Ospedale delle Bambole** (Hospital de Muñecas). Aunque pueda dar escalofríos, visitar esta tiendecita es una experiencia única. Hábiles artesanos reparan muñecas rotas desde finales del s. XIX. Si tu amiga especial necesita cuidados, pide cita en el *bambolatorio*. Aceptan pacientes de peluche, de plástico y de porcelana.

UN MUSEO DE ALMAS PERDIDAS

La **Chiesa del Sacro Cuore del Suffragio** (iglesia del Sagrado Corazón del Sufragio) de Roma esconde un misterioso museo en su interior. La extraña colección contiene objetos personales que presentan inquietantes huellas de rostros, manos y dedos. Según cuenta el museo, estos objetos han sido tocados por las almas de los muertos que están atrapadas en el purgatorio —una especie de "sala de espera" para el cielo en la fe católica— en un intento de comunicarse con los vivos. Hay una cripta debajo del museo para quienes quieran pasar un rato más con los espíritus.

¡FIRMES!

Reúne a tus soldados y dirígete a Florencia para visitar la colección de armaduras del **Museo Stibbert.** Este edificio contiene una de las mayores colecciones de armaduras del mundo, con cerca de 50 000 objetos de tres continentes: Europa, Asia y África. Entra en la Sala de la Cabalgata y únete al desfile de caballeros con armaduras completas a tamaño real montados en sus corceles, también protegidos. ¡Al ataque!

***FOTOS:** la Libreria Acqua Alta, en Venecia (pág. anterior, arriba); Ospedale delle Bambole en Roma (pág. anterior, abajo); iglesia del Sagrado Corazón del Sufragio (arriba); Museo Stibbert (dcha.).*

SECRETOS SAGRADOS

JARDINES MACABROS

El **Parque de los Monstruos** se encuentra en Bomarzo. ¿O deberíamos decir *¡BUUU!-marzo*? Este parque, que un poderoso duque creó en el s. XVI, te dejará petrificado... Hoy alberga enormes esculturas de piedra, como la de Caco librando una batalla mítica llamada "gigantomaquia", una casa inclinada 23º para imitar el ángulo del eje de la Tierra y otras escenas muy monstruosas. ¡Tu imaginación se desatará!

MURMULLOS EN MILÁN

La **Loggia dei Mercanti** de Milán, que forma parte de una maravillosa plaza de mercaderes medieval, es como una galería de los susurros. El diseño arquitectónico especial de las columnas y los arcos hace que los sonidos suaves se transmitan muy lejos. Ponte en una esquina de la galería y susurra algo a una persona que se encuentre en la esquina opuesta. Tu mensaje secreto subirá por la columna, recorrerá el techo abovedado y bajará por la otra columna hasta el oído de tu interlocutor. Los milaneses llevan realizando este truco acústico desde que se construyó la logia a principios del s. XVI.

MOSAICO DE MUERTE

En una pequeña capilla de la **iglesia de San Bernardino,** en Milán, podrás ver algo escalofriante... si te atreves a entrar: un osario con los restos óseos de 4000 personas. Sin embargo, no es una cámara funeraria cualquiera, porque esos cráneos y huesos decoran minuciosamente las paredes y techos. Cuenta la leyenda que una niña fantasma se pasea por allí una vez al año. Hay decoraciones igual de macabras en la **capilla de los Mártires** de la catedral de Otranto y en el **Purgatorio ad Arco,** en Nápoles.

En el cementerio protestante de Roma, se hallan las tumbas de dos famosos poetas ingleses: John Keats y Percy B. Shelley, el marido de Mary Shelley, autora de *Frankenstein*.

PIRÁMIDE ROMANA

Si no puedes acercarte hasta El Cairo, en Egipto, escápate a Roma para ver una estructura enigmática: la **pirámide de Cayo Cestio,** la única pirámide de estilo egipcio antiguo que queda en Europa. Es de ladrillos, recubierta de mármol, y mide 36,4 m de altura. Se edificó como tumba funeraria para un hombre poderoso y rico llamado Cayo Cestio. La construyó un misterioso romano adinerado hacia el año 18 a.C. Lleva alguna chuche para la colonia de gatos que vive en el cementerio de al lado.

***FOTOS:** escultura del Orco en el Parque de los Monstruos (pág. anterior, arriba); Loggia dei Mercanti (pág. anterior, abajo); San Bernardino alle Ossa (arriba); pirámide de Cayo Cestio (dcha.).*

CUENTA LA LEYENDA...

Se cuenta que el roble tiene la copa plana y las ramas horizontales porque las brujas solían bailar justo encima.

Datos básicos

Altura:
más de 20 m

Edad:
600 años aprox.

Diámetro del tronco:
4 m

ROBLES, RITOS Y RELATOS

Si te pierdes en los densos bosques y las colinas de la Toscana, tal vez te topes con el **Roble de las Brujas** (Quercia delle Streghe). Las leyendas locales cuentan que las brujas practicaban magia negra en este enorme árbol, cuyas ramas retorcidas se alzan hacia el cielo como si invocaran a seres míticos. Muchos creen que inspiró a Carlo Collodi a escribir la novela clásica *Las aventuras de Pinocho*, ambientada en la Toscana rural. No podemos mentir: no hay pruebas de que esto sea cierto. ¡Pero el autor sí que pasó mucho tiempo deambulando por los bosques toscanos!

EN LA GUARIDA DEL DRAGÓN

Se dice que los Abruzos albergan un objeto "bestial": la costilla del dragón de Atessa. Los lugareños creen que un hombre importante llamado san Leucio mató al dragón y unificó los dos pueblos (Ate y Tixa) que el mítico monstruo había dividido. Luego regaló la costilla del dragón al pueblo. Hoy en día el hueso se exhibe en la **catedral de san Leucio,** en Atessa, que se erigió sobre la guarida del legendario dragón. Los científicos creen que el hueso, que se conserva tras un cristal y unas rejas de hierro, es de un mamut lanudo. ¿Y tú qué opinas?

SALUDA AL JABALÍ

Si estás paseando por las calles de Florencia y quieres un poco más de suerte antes de ir a por un helado, busca **Il Porcellino** en Mercato Nuovo. Esta fuente de bronce con forma de jabalí, que es una réplica de la que se exhibe en el **Museo Bardini,** espera alegre a que turistas y locales le froten el hocico para que les dé buena suerte. Lo han tocado tantos millones de veces desde que se moldeó la estatua en 1612 que el hocico está brillante por el desgaste. Es probable que la estatua se inspirara en la fábula de un jabalí que se convertía en un chico cada noche.

***FOTOS:** el Roble de las Brujas (pág. anterior); la costilla del dragón de Atessa en la catedral de San Leucio (arriba); Il Porcellino (izda.).*

ENCUENTRA LAS DIFERENCIAS

La famosa fuente de los Cuatro Ríos de Bernini, en Roma, destila historia. ¿Puedes encontrar las cinco diferencias entre estas dos imágenes? La solución, en p. 140.

ENCUENTRA LAS DIFERENCIAS

La pintoresca Manarola es una de las cinco localidades de Cinque Terre. ¿Puedes encontrar las cinco diferencias entre estas dos imágenes? La solución, en p. 140.

ÍNDICE

A
Abruzos 61, 105, **105**, 129, **129**
aceite de oliva 89
acuarios 39, 103, **103**
agnolotti (pasta rellena), 60, **60**
águilas 105, **105**
águilas perdiceras 105, **105**
Alta Velocità (trenes de alta velocidad) 21, **21**
Arena di Verona 34, **34-35**, 35
armaduras 125, **125**
Atessa 129, **129**
Autodromo Nazionale Monza, Milán 40

B
barcos **9**, 22-23, **22-23**, 29, **29**, 112, 119
basílica de San Francesco, Rávena 115, **115**
basílica de San Pedro, Ciudad del Vaticano **16**, 90
basílica de Santa Maria della Salute, Venecia **84-85**
basílica de Santa María la Mayor, Roma **74-75**
Bayas 119, **119**
bicicletas 24-25, **24-25**
Bioparco di Roma **17**, 39, **39**
Bolonia 42, **42**, 55, **55**, 62
bombolone (dónuts fritos) 67, **67**
Botticelli, Sandro 52
bucatini, pasta 60, **60**
bulbos de jacinto 69, **69**

C
calamar gigante 103
Capilla Sixtina, Ciudad del Vaticano 53, **53**, 90
Capri 22, 113
Carnevale di Venezia 94, **94**
carreras de coches 40, **40**, 42, **42**
Castel Sant'Angelo, Roma **16**, **70-71**
catacumbas 74-75, **74-75**
catedral de San Leucio, Atessa 129, **129**
Cefalú, Sicilia **18-19**
Cerdeña
- comida 63, 64, **64**, **65**
- costa **88-89**
- ferris 22, **22-23**
- puntos de interés 89
- Vespas **24-25**

César, Julio 69
Chiesa del Sacro Cuore del Suffragio (iglesia del Sagrado Corazón del Sufragio), Roma 125, **125**
ciclismo 24-25, **24-25**
cinghiali (jabalíes) 99, **99**
Cinque Terre 118, **118**, **132-133**
Ciudad del Vaticano
- acerca de 17, 90-91
- sobre el mapa **16**
- Capilla Sixtina 53, **53**
- basílica de San Pedro **16**, 90
- plaza de San Pedro **90-91**
- Museos Vaticanos 90

coches de carreras 40, **40**, 42, **42**
Cocullo 106
Coliseo, Roma **17**, 76-77, **76-77**
Colonia Felina de Torre Argentina, Roma **16**, 98
comida 58-69
- aceite de oliva 89
- antigua Roma **68,** 68-69, **69**
- comidas inesperadas **64**, 64-65, **65**
- dulces **66**, 66-67, **67**
- helado 42, **42**, **58-59**, 66, **66**
- limones 112
- miel antigua 82
- pasta **60**, 60-61, **61**, 64, **64**
- Pompeya 46
- queso **62**, 62-63, **63**, 93

Como, lago 32
compras 50-51, **50-51**
Cortina d'Ampezzo 111, **111**, 141, **141**
Costa Amalfitana 112-113, **112-113**
costilla del dragón de Atessa 129, **129**
cripta de los Capuchinos ("capilla de los Huesos"), Roma 74
cuevas **112-115**, 112-116
cuevas de Castellana 115, **115**
culebra de Esculapio 106, **106**

D
da Vinci, Leonardo 50, 52, 100
delfines 103, **103**
delfines mulares 103, **103**
deportes **40**, 40-42, **41**, **42**, 111, **111**, 141, **141**
Dolomitas **110**, 110-111, **111**
Duomo, Florencia 92, **92**

E
encuentra las diferencias **130-133**, 140
esclavos 76
Escuela de Gladiadores, Roma **76-77**, 77
esquí 111, **111**, **141**
estatua de la Loba Capitolina 72, **72-73**
estrecho de Mesina 102, **102**
Etna, monte 56, **56-57**

F
fauna 96-107
- amigos peludos **98**, 98-99, **99**
- Dolomitas 111, **111**
- museos de historia natural **100**, 100-101, **101**

parques nacionales **96-97**, **104**, 104-105, **105**
¡vaya bichos! 106, **106-107,** 107
Ferrara 24, **24-25**, 25
festivales 34, **72-73**, 73, **94**, 94-95, **95**
Florencia
David (estatua de Miguel Ángel) 53, **53**
Duomo 92, **92**
Fontana del Porcellino (estatua de un jabalí) 129, **129**
Jardín de Bóboli 116, **116**
Mercato Centrale **50-51**
museos 52, **52**, 92, 100, **100**, 101, **101**, 125, **125**
papel marmolado 37
Fórmula 1 40, **40**
Francisco, papa 28, **28**
fuente de los Cuatro Ríos, Roma 74, **130**, **131**
fuentes potables *nasoni* ("narices grandes") 74, 75
Fontana di Trevi, Roma **17**, **58-59**, 74, **74-75**
funiculares 32, **32-33**, 33
fútbol 41, **41**

G

Galería Uffizi, Florencia 52, **52**, 92
galgos (perros) 99, **99**
galgos italianos (perros) 99, **99**
Galileo Galilei 87, 100
Galleria dell'Accademia, Florencia 92
Gallipoli 119, **123**
Garibaldi, Giuseppe 86
garum (salsa de pescado) 68, **68**
gatos 98, **98**
Génova 21, **26-27**, 103, **103**
Gruta Azul **112-113**, 113

H

Herculano 80-81, **80-81**
Hércules (semidiós) 80, 83
helado 42, **42**, **58-59**, 66, **66**
Hospital de Muñecas (Ospedale delle Bambole), Roma 124, **124**

I

íbice alpino **96**, 104, **104**
idioma friulano 122
idioma griko 123
idioma napolitano 122
idioma piamontés 123
idiomas 10, 122-123
iglesia de San Bernardino, Milán 127, **127**
Imperio romano. *Véase también* yacimientos arqueológicos
anfiteatros **30-31**, 34, **34-35**, 35
Bayas 119, **119**
calzadas 27
comida 68, **68**, 69, **69**
mercados 50
objetos egipcios 49
registros 56
sal a modo de dinero 83

J

jabalíes 99, **99**
Jardín Botánico de Padua 117, **117**
Jardín de Bóboli, Florencia 116, **116**
jardines 78-79, **78-79**, **116**, 116-117, **117**
jardines de Villa Borghese, Roma **16**, 39, **39**, 78-79, **78-79**

L

La Marmotta 23
"la máquina de escribir" (monumento Il Vittoriano), Roma 54, **54**
La Specola (museo de ciencia), Florencia 101, **101**
leyendas 128-129
Libreria Acqua Alta, Venecia 124, **124**
librerías 124, **124**
lirones 69, **69**
lobos 72, **72-73**
Loggia dei Mercanti, Milán 126, **126**
Lula 64

M

Manarola 118, **132**, **133**
mapas **14-17**
marionetas **34-35**, 35
marmolado de papel 37, **37**
Matera 114, **114**
mazapán 67, **67**
mercados 50, **50-51**, 65
mercados de agricultores 50, **50-51**
Miguel Ángel 53, 90
Milán
Autodromo Nazionale Monza 40
iglesia de San Bernardino, **127**
estadio San Siro 41
La última cena (mural de Da Vinci) 52, **52**
Loggia dei Mercanti 126, **126**
moda **50-51**, 51
mosaicos **37**
Museo Nazionale della Scienza e della Tecnologia Leonardo da Vinci 100, **100**
Pinacoteca Ambrosiana 50
Módena 42, **42**, 62
Mole Antonelliana, Turín 55, **55**
monumento Il Vittoriano ("la máquina de escribir"), Roma 54, **54**
mosaicos 37, **37**, 92
Murano 36, **36**
murciélagos 107, **107**
murciélagos orejudos sardos 107, **107**
musarañas 107, **107**
musarañas etruscas 107, **107**
Museo de Sellos y Monedas, San Marino 91
Museo Egipcio (Museo Egizio), Turín 43, **43**
Museo Estatal, San Marino 91
museo Explora, Roma 43, **43**
Museo Ferrari, Módena 42, **42**
Museo Lamborghini, Módena 42
Museo Stibbert, Florencia 125, **125**
museos

Florencia 52, **52**, 100, **100**, 101, **101**, 125, **125**, 129
Milán 50, 100, **100**
museos de historia natural **100**, 100-101, **101**
museos interactivos **42**, 42-43, **43**
Museos Vaticanos 90
Pompeya 47
Roma **17**, 43, **43**, 125, **125**
San Marino 91
sobre el mapa **16-17**
Trento 101, **101**
Museos Capitolinos, Roma **16-17**, 72
museos de historia natural **100**, 100-101, **101**

N
Nápoles 21, **21**, 98, 114, **114**, 122, **122**, 127

O
obeliscos 49
obeliscos egipcios 49
osarios 74, 127, **127**
osos 105, **105**
osos pardos 105, **105**
osos pardos de los Apeninos 105, **105**
ópera 34, 35
Oplontis 83, **83**
orecchiette, pasta 61, **61**
Ospedale delle Bambole (Hospital de Muñecas), Roma 124, **124**
Ostia Antica 83, **83**

P
Padua 48, 117, **117**
Paestum 82, **82**
palabras en italiano 10
Palacio Real de Caserta 117, **117**
Palermo 20, **34–35**, 50, 88
Palio di Siena (carrera de caballos) 92, **92**
panettone 66, **66**
pani câ mèusa (comida callejera) 65, **65**
Panteón, Roma **16**, 72
papa 28, **28**, 90
papel marmolado 37, **37**
parque acuático LEGOLAND 39
parque de atracciones Gardaland 39, **39**
Parque Nacional de los Abruzos 105, **105**
Parque Nacional de Tepilora 105, **105**
Parque Nacional Gran Paradiso **96-97**, 104, **104**
parques 30-39
anfiteatro romano, Verona **30-31**
lago Como 32, **32-33**
Parco dell'Etna 56, **56-57**
Parque de los Monstruos **120-121**, 126, **126**
Parque Nacional de los Abruzos 105, **105**
Parque Nacional de Tepilora 105, **105**
Parque Nacional del Vesubio **56-57**, 57
Parque Nacional Gran Paradiso **96-97**, 104, **104**
parques de atracciones 39, **39**
parques de aventura **32-33**, 33, 89
parques acuáticos 39
parques de atracciones 39, **39**
parques de aventuras **32-33**, 33
pasta **60**, 60-61, **61**, 64, **64**
perros 99, **99**
Piaggio Ape (motocarros) 29, **29**
Piamonte 60, **60**, 123, **123**
Piazza del Campo, Siena 48, 92
Piazza Navona, Roma **16**, 48, 49
Piazza San Marco, Venecia 87, **87**
piazzas 48-49, **48-49**
Pinacoteca Ambrosiana, Milán 50
Pío XI, papa 28
pirámide de Cayo Cestio, Roma **17**, 127, **127**
Pisa **44-45**, 48, 54, **54**
playas 112, 119, **123**
plaza de San Pedro, Ciudad del Vaticano **90-91**
Polignano a Mare 41, **41**, **119**
Pompeya **46**, 46-47, **47**, 98

Q
queso **62**, 62-63, **63**, 65, **65**, 93
queso casu marzu 65, **65**
queso mozzarella 63, **63**
queso Parmigiano Reggiano 62, **62**
queso Pecorino Romano 63, **63**

R
Rávena 115, **115**
región de Apulia
cuevas de Castellana 115, **115**
idioma griko 123
orecchiette, pasta 61, **61**
playas 119
Polignano a Mare 41, **41**, **119**
trulli (cabañas de piedra) 119
ZooSafari Fasano 38, **38**
región de Lacio 63, **120-121**
Remo y Rómulo 72-73
Riva del Garda **48-49**
Roble de las Brujas, Toscana 128, **128**
roca de Rovigliano 83
Roma **12-13**, **16-17**, 70-79
Bioparco di Roma **17**, 39, **39**
Castel Sant'Angelo **16**, **70-71**
catacumbas 74-75, **74-75**
Chiesa del Sacro Cuore del Suffragio (iglesia del Sagrado Corazón del Sufragio) 125, **125**
Coliseo **17**, 76-77, **76-77**
Colonia Felina de Torre Argentina **16**, 98
cripta de los Capuchinos ("capilla de los Huesos") 74
Escuela de Gladiadores **76-77**, 77
Fontana de Trevi **17**, **58-59**, 74, **74-75**
fuente de los Cuatro Ríos 74, **130**, **131**
fundación 72-73
Hospital de Muñecas (Ospedale delle Bambole) 124, **124**
loba 72, **72-73**
mapa **16-17**
metro **20**

monumento Il Vittoriano ("la máquina de escribir") 54, **54**
museo Explora 43, **43**
Museos Capitolinos **16-17**, 72
Natale di Roma (celebración del cumpleaños) **72-73**, 73
Panteón **16**, 72
Piazza Navona **16**, 48
pirámide de Cayo Cestio **17**, 127, **127**
recorrer la Via Appia (Vía Apia) **26-27**
ruinas del mercado de Trajano 50
Stadio Olimpico 41, **41**
teatros de títeres 35
Villa Borghese y jardines **16**, 39, **39**, 78-79, **78-79**
Roma antigua. *Véase* Imperio romano
Rómulo y Remo 72-73

S
sagre (festivales) 95, **95**
Salento **123**
saltos desde acantilados 41, **41**
San Marino 90-91, **90-91**
Saturno (dios romano) 93
Segunda Guerra Mundial 24, 123
serpientes 106, **106**
Shakespeare, William 35
Sicilia
comida 65, **65**, 67, 89, 95
gatos 98
Opera dei Pupi (teatro de marionetas) **34-35**, 35
pueblo medieval de piedra **88-89**
puntos de interés 88
senderismo **18-19**
Siena 48, 92, **92**
sistemas de metro 20, **20**, 21
soplado de vidrio 36, **36**
spaghetti alla chitarra **61**
Stadio Olimpico, Roma 41, **41**
su filindeu, pasta 64, **64**

T
Tarento, golfo de 103, **103**
Teatrino di Pulcinella al Gianicolo, Roma 35
Teatro Mongiovino, Roma 35
teatros de títeres **34-35**, 35
termas **17**, 46, **46**, 93, **93**
Terme di Saturnia, Toscana 93, **93**
tesserae. Véase Mosaicos
Tívoli **78-79**, 79
Torre Asinelli, Bolonia 55, **55**
Torre de Pisa. *Véase* Torre Inclinada de Pisa
Torre del Reloj, Venecia 55
Torre Garisenda, Bolonia 55, **55**
Torre Inclinada de Pisa **44-45**, 54, **54**
Toscana **92**, 92-93, **93**, 95, **95**, 99, 128, **128**
trenes **20**, 20-21, **21**
Trento 101, **101**
Trieste 48, **122**
trulli (cabañas de piedra) 119
Turín 20, 40, 43, **43**, 55, **55**

U
Uffizi, Galería 52, **52**, 92

V
vaporetti (autobuses acuáticos) 29, **29**
Vaticano, *véase* Ciudad del Vaticano
Venecia
basílica de Santa Maria della Salute **84-85**
Carnevale di Venezia 94, **94**
cicchetti (porciones pequeñas de comida) 64, **64**
góndolas **9**, 22, **22-23**, 23, **86**, **87**
leyendas espeluznantes 86
Libreria Acqua Alta 124, **124**
Piazza San Marco 87, **87**
Torre del Reloj 55
vaporetti 29, **29**
Vernazza 118, **118**
Verona 21, 34, **34-35**, 35
Vespa 24, **24-25**
Vesubio, monte 46, **56-57**, 57, 80, 83, 98
Via Appia (Vía Apia) **17**, 25, **26-27**, 27
Viareggio 95, **95**
vida marina **102**, 102-103, **103**
Villa Borghese, Roma **16**, 39, **39**, 78-79, **78-79**
Villa d'Este, Tívoli **17**, **78-79**, 79
Villa Poppea, Oplontis 83, **83**
visitas a granjas 93, **93**
volcanes 15, 46, 56-57, **56-57**

Y
yacimientos arqueológicos
Bayas 119, **119**
gatos 98
Herculano 80-81, **80-81**
Ostia Antica 83, **83**
Pompeya **46**, 46-47, **47**
Sicilia 88
templos de Paestum 82, **82**
Villa Poppea, Oplontis 83, **83**

Z
Zolli, Joseph 86
zoos 38, **38**, 39, **39**

WEBS Y CRÉDITOS FOTOGRÁFICOS

Cómo moverte por el país (pp. 18-29)
Trenitalia: trenitalia.com
Vaporetto: venicepublictransport.it

Lugares divertidos (pp. 30-43)
Arena di Verona: arena.it
Gardaland: gardaland.it
Zoomarine: zoomarine.it
Zoo Safari (ZooSafari Fasano): zoosafari.it
Estadio San Siro: sansirostadium.com
Museo Egizio: museoegizio.it
Explora: mdbr.it

¡Vaya vistas! (pp. 44-57)
Pompeya: pompeiisites.org
Galería Uffizi y Galleria dell'Accademia: florence-museum.com
Mole Antonelliana: museocinema.it
Parque Nacional del Vesubio: parconazionaledelvesuvio.it

¡A comer! (pp. 58-69)
Olivieri: olivieri1882.com

Todos los caminos llevan a Roma (pp. 70-83)
Museos Capitolinos: museicapitolini.org
Panteón: pantheonroma.com
Coliseo: thecolosseum.org
Herculano: ercolano.cultura.gov.it

Un paseo por la Bota (pp. 84-95)
Museos Vaticanos: museivaticani.va
Opera Duomo Siena: operaduomo.siena.it
Terme di Saturnia: termedisaturnia.it

El lado más salvaje (pp. 96-107)
Colonia Felina de Torre Argentina: gattidiroma.net
Museo Galileo: museogalileo.it
Cortina d'Ampezzo: cortinadampezzo.it
Los Dolomitas: dolomiti.org
Cinque Terre: cinqueterre.it

Italia verde (pp. 108-119)
Oficina de turismo de Amalfi: visitamalfi.info/es
Grotte di Castellana: grottedicastellana.it
Jardín de Bóboli: uffizi.it/giardino-boboli
Jardín Botánico de Padua: ortobotanico1545.it
Palacio Real de Caserta: reggiadicaserta.cultura.gov.it

Secretos del país (pp. 120-129)
Libreria Acqua Alta: libreriacqualta.it
Hospital de Muñecas: ospedaledellebambole.com

CRÉDITOS FOTOGRÁFICOS

Ilustraciones © 2026 John Foster

8-9: muratart/Shutterstock / **12-13:** Sean Pavone/ Shutterstock / **18-19:** Imgorthand/Getty Images/ **20:** Phuong D. Nguyen/Shutterstock / **21:** Travel Photography/iStock (escaleras mecánicas) / Andrea Berg/Shutterstock (tren) / **22-23:** givaga/ Shutterstock (góndola) / eli77/Getty Images (ferri)/ **24-25:** Alvaro German Vilela/Shutterstock (bicis)/ Massimo Campanari/Shutterstock (Vespas)/ **26-27:** ValerioMei/Shutterstock (Via Appia) / Roman Sigaev/Shutterstock (familia) / **28:** Victor Lochon/Getty Images / **29:** pio3/ Shutterstock (coches) / Matteo Colombo/Getty Images (barco) / **30-31:** Sebastian Condrea/Getty Images / **32-33:** Westend61/Getty Images (niño)/ Philip Intallura/Shutterstock (funicular)/ **34-35:** wiesdie/Shutterstock (marionetas)/ D-VISIONS/Shutterstock (teatro)/ **36:** gab90/ Shutterstock / **37:** Grant Faint/Getty Images (mosaicos) / Tramont_ana/Shutterstock (papel)/ **38:** Gedeminas777/Shutterstock / **39:** Xinhua News Agency/Getty Images (tigres) / pointbreak/ Shutterstock (atracción) / **40:** cristiano barni/ Shutterstock /**41:** Dean Treml/Red Bull/Getty Images (salto) / Paolo Bruno/Getty Images (fútbol)/ **42:** Mino Surkala/Shutterstock (museo) / David Silverman/Getty Images *(gelato)* / **43:** Martin Moos/ Lonely Planet (Explora) / BGStock72/Shutterstock (esfinges) / **44-45:** Laurent Fox/Getty Images / **46:** zm_photo/iStock (baños) / Arcady/Shutterstock (estatua) / **47:** Kouze59/Shutterstock (figura de yeso) / AS photo family/Shutterstock (familia)/ **48-49:** Viliam.M/Shutterstock / **50-51:** Julian Elliott Photography/Getty Images (Galleria) / Baksheeva Iuliia/Shutterstock (productos) / **52:** Yuri Turkov/Shutterstock (*La última cena*) / canbedone/ Shutterstock (Uffizi) / **53:** Jon Chica/Shutterstock (*David*) / marcobrivio.gallery/Shutterstock (Capilla Sixtina) / **54:** Sergii Figurnyi/Shutterstock (Pisa) / Aerial-motion/Shutterstock (monumento) / **55:** Triff/Shutterstock (Bolonia) / FilippoBacci/Getty Images (Turín) / **56-57:** Wead/Shutterstock (Etna) / Versta/Shutterstock (Vesubio) / **58-59:** Dudaeva/ Shutterstock / **60:** Yuka Kayu/Shutterstock *(bucatini)* / Framarzo/Shutterstock *(agnolotti)* / **61:** Claudia Gori for Lonely Planet (tenedor) / Azdora/ Shutterstock (elaboración de pasta) / **62:** Alessia Pierdomenico/Bloomberg/Getty Images / **63:** Giuseppe La Bua/Shutterstock (mostrador de quesos) / sweet marshmallow/Shutterstock (mozzarella) / **64:** Connect Images/Stefano Oppo/Getty Images (pasta) / Marco Secchi/Getty Images (*cicchetti*) / **65:** FVPhotography/Getty Images (sándwich) / Gengis90/Shutterstock (queso) / **66:** Quanthem/ Getty Images (pan) / bissun/Shutterstock *(gelato)* / **67:** Simona Bottone/Shutterstock (mazapán) / Ramantara/Shutterstock (bombolone) / **68:** Civil/ Shutterstock *(garum)* / Stefano Bianchetti/Corbis/ Getty Images (grabado) / **69:** Fabrizio Moglia/ Getty Images (ratón) / Fabio Boccuzzi/Shutterstock (bulbos) / **70-71:** Summit Art Creations/Shutterstock / **72-73:** Antonio Masiello/Getty Images (gladiador) / Alina Maieru/Shutterstock (loba) / **74-75:** Todd Keith/ Getty Images (catacumba) / Vladislav Zolotov/iStock (fuente) / **76-77:** Carmine Flamminio/Alamy Stock Photo (gladiador) / Devasahayam Chandra Dhas/Getty Images (Coliseo) / **78-79:** Sean Pavone/Shutterstock (Tívoli) / BGStock72/Shutterstock (Borghese) / **80-81:** Sean Pavone/Shutterstock / **82:** canadastock/ Shutterstock / **83:** Francesco Ricciardi Exp/Shutterstock (Oplontis) / Alberto Masnovo/Shutterstock (máscara) / **84-85:** Iakov Kalinin/Shutterstock / **86:** Andrew Holt/Getty Images / **87:** Eva Bocek/Shutterstock (puente) / Sergejs Filimon/Shutterstock (plaza) / **88-89:** Simon Dannhauer/Shutterstock (costa) / Eva Pruchova/Shutterstock (pueblo) / **90-91:** Ognian Medarov/500px (San Marino) / Geert Smet/Shutterstock (Ciudad del Vaticano) / **92:** Dietmar Rauscher/Shutterstock (caballos) / Vunav/ Shutterstock (catedral) / **93:** fokkebok/iStock (termas) / Flavio Massari/Getty Images (búfalos) / **94:** Mark Torres/Shutterstock / **95:** federico neri/ Shutterstock (gigantes) / Wirestock Creators/ Shutterstock (caballo) / **96-97:** ueuaphoto/Getty Images / **98:** Christina Reichl Photography/Getty Images / **99:** Luigi Panico/Getty Images (perro) / by Andrea Pucci/Getty Images (jabalíes) /**100:** Jerome PARIS/Shutterstock (esfera) / Museo Nazionale Scienza e Tecnologia Leonardo da Vinci (personas) /

101: Federico Magonio/Shutterstock (modelo de cera) / PetroliniVideo/Shutterstock (esqueletos) / **102:** NASA / **103:** always looking for the best light/ Getty Images (peces) / emeroshea/Shutterstock (delfín) / **104:** Fabiano's_Photo/Shutterstock / **105:** Massimo Piacentino/Alamy Stock Photo (águila) / Gennaro Leonardi/Shutterstock (osos) / **106:** Fabrizio Moglia/Getty Images / **107:** WILDLIFE GmbH/Alamy Stock Photo (musaraña) / Manuel Ruedi (murciélago) / **108-109:** Michal Ludwiczak/ Getty Images / **110:** Andrew Mayovskyy/Shutterstock / **111:** Fab38/Shutterstock (rebeco) / Boerescu/ Shutterstock (telesilla) / **112-113:** Maremagnum/ Getty Images (gruta) / SCStock/Shutterstock (costa Amalfitana) / **114:** ermess/Shutterstock (Matera) / Leisa Tyler/LightRocket/Getty Images (Nápoles) / **115:** Aleksejs Bergmanis/iStock/Getty Images Plus (cueva) / by Andrea Pucci/Getty Images (cripta) / **116:** Roy Harris/Shutterstock / **117:** trabantos/ Shutterstock (Caserta) / EQRoy/Shutterstock (Padua) / **118:** Luciano Mortula - LGM/Shutterstock / **119:** Henryp982/Shutterstock (estatua) / Michael Heffernan/Lonely Planet (Apulia) / **120-121:** canadastock/Shutterstock / **122:** Peter Adams/Getty Images (café) / Marco_Piunti/Getty Images (personas) / **123:** MikeDotta/Getty Images (pueblo) / Zigres/Shutterstock (mujer) / **124:** RealyEasyStar/ Daniele Bellucci/Alamy Stock Photo (muñeca) / Sun452/Shutterstock (librería) / **125:** Abaca Press/ Alamy Stock Photo (iglesia) / stefano cellai/ Shutterstock (armadura) / **126:** Mitzo/Shutterstock (Loggia) / Davide Zanin Photography/Shutterstock (monstruo) / **127:** Eddy Buttarelli/REDA/Universal Images Group/Getty Images (huesos) / Photo Beto/ Getty Images (pirámide) / **128:** Massimo Borchi/ Atlantide Phototravel/Getty Images / **129:** Nico Falco/ Shutterstock (estatua) / Enrico Adelchi SPETRINO/ Alamy Stock Photo (costilla) / **130-131:** Kirk Fisher/ Shutterstock / **132-133:** Avant Visual/Shutterstock / **141:** dpa picture alliance/Alamy Stock Photo

SOLUCIÓN A ENCUENTRA LAS DIFERENCIAS

Cortina d'Ampezzo fue la sede de los Juegos Olímpicos de Invierno de 1956 y volverá a serlo en el 2026.